妖獣霊異誌
岡田建文［著］
今日の話題社

妖獣霊異誌

はじめに

本書は戦前に郷土出版社より郷土研究叢書の一環として刊行された『動物界霊異誌』をあらたに編集しなおしたものである。同じ叢書に柳田國男の『遠野物語』『山の人生』、佐々木喜善『老媼夜譚』などがはいっているが、本書はあくまでも動物による妖異現象は存在するとの前提にたったもので、通常の民俗学や昔話研究とは一線を画した異色の内容となっている。そのためか刊行後はほとんど注目されることなく、今日では入手困難な稀覯本になっていたものである。

現代では狐に化かされたという話は、よほどの田舎でもめったに聞くことができない。だが、つい三十年くらいまえの日本の田舎では、まだ比較的そういう体験談が聞けたものだ。本書の刊行は昭和三年刊であるから、さらにさかのぼり、いまから約七十年まえになる。東京でも少し郊外に行くと街灯はなく、雑木林が黒い蔭をおとし、地方には電気のない村すら珍しくはなかった。

それでも著者は明治中葉からこのかた、動物にまつわる妖異体験が急速に少なくなりつつあることを指摘する。しかし、それは一般に考えられるように、科学が普及し、人々が「迷信」を信じなくなったからではなく、ほんとうの理由は、妖獣たちの生物的種としての潜勢力が落ち目になってきたからだ、というのが本書に流れる著者の主張である。

生物はその盛んな時代と否とでは、精力に大きな相違があると著者は力説する。繁殖力旺盛で種としての活力にみちあふれていた時代の狐狸には、人を蠱惑するパワーがあった。著者はこの力を「動物磁気」という言葉であらわし、人を幻覚に誘ったり、人に憑依して意のままに操る一種の遠隔催眠能力の存在を想定する。

明治十年代までは全国におびただしい数の狐が棲息し、本書が刊行された昭和初期の同時代人でも想像できないほど跋扈した。たとえば、明治十七年の春、山陰地方が大雪にみまわれた際に、山をおりた狐が三次町近辺の各寺院の床下に避難し、それが多い寺では五、六十匹にのぼり、総数は三次町付近のみでも千匹は下るまいといわれ、町民が狐を救護するために焚き出しまでする騒動になったことがあるという。

ところが、近代化とともに全国的に山林が伐採され、狩猟がさかんになるにつれ、狐狸は衰亡の一途をたどり、その結果、かれらの強烈な精神力も急速に失われ、かつてのように人を蠱惑することも少なくなってしまった。

この理は普遍的なもので、人間や神仏にもあてはまる。平凡な人間でも、ふと他人から崇められると、偉大な精力を発揮したり、神仏も人間が頼ってこなくなると、とみに霊験力を萎縮させ、その結果は荒廃の社堂になる事例もあるではないか、と著者は力説する。なるほど説得力のある見方といえよう。

しかし地方によっては、この明治以降の大きな趨勢にもかかわらず、部分的に狐の勢力がもりかえした地域もあった。たとえば石見国東部の大田付近には、明治初年頃までは狐が大量に棲息していた。その後おおいに減少するが、大正にはいるとふたたび繁殖が盛んになり、狐が跋扈するようになる。そのためか、本書で紹介される近年の実例としては、この地域の話が多い。

しかし、現代ではもうそんな地域にも開発の波が押し寄せ、生態系は舗装道路で寸断され、野性の狐狸はその棲息すらおびやかされている。

狐の霊異談がリアリティをもつためには、狐の存在が身近なものでなければならない。若い世代で霊魂の存在や超常現象を信じる人の割合は五十パーセント以上というが、狐が身近に存在しない以上、狐にまつわる霊異談をたえて聞かないのも無理もないところである。

しかし本書を読めば、そういった現象が、かつては確実に存在し、確実に体験されたものであることを誰しも確信せざるをえない。落ち穂拾いをしているときにうっかり大きな石を崖下に落とし、狐の穴をふさいでしまった娘が、手拭いをかぶった謎の女に催眠状態のまま連れ出され、数日にわたって深い山中をひきずりまわされた話、竹松と称する外道（管狐）にまつわる逸話など、かつて存在した不可解な土俗空間の感触がひたひたと押し寄せてくる。

いささか文体が古く、江戸時代の随筆からの引用は原文のままのところもあるため、多少読みにくいところはあると思うが、本書をつうじて、近代が「迷信」のレッテルをもって抹殺した闇の世界の断片なりとも知っていただけるならば幸いである。

二〇〇〇年九月八日

凡例

一、本書は、岡田建文著『動物界霊異誌』をあらたに編集したものである。

二、昭和二年の郷土出版社版を底本とし、現代かなづかいにあらためた。また、漢字、おどり字など適宜ひらがなにおきかえ、改行をほどこし、さらに「而て」などの接続詞については適宜省略した。

三、ただし、底本中に引用の漢文、古文については歴史的仮名遣いをふくめ原文のままとしたが、一部ひらがなにおきかえたところもある。

目次

猫

河童

狐

狸と貉

外道

蛇

蝦蟇

解説

蝦蟇《ひき》は蛇と共に虫類中の魔物と称せられ、古来わが国および支那朝鮮には、これに関する怪異譚がはなはだ多い。著者は寡聞にして、その他の東洋諸国においては、どうであるかは知らぬけれど、恐らく同じことであろうと思う。

現に西洋でも蟇《ひき》（以下、簡称の蟇字を用いる）を特別なる動物と認め、その生命を奪って奇怪な慰みごとの材料にしているということを聞いている。

幾年か前に、奇術師の天一が洋行のみやげ話として妙なことを某雑誌に発表したことがあった。それは、いかにも奇術師相当の話で、ちょっと聞くと眉唾ものらしいけど、天一はこればかりはウソや手品ではない、疑う人は実験したまえ、ウソであったら、百円進呈すれるとまで付け加えての発表であったから、満更ウソではあるまいということに見られた。

その話というのは、蟇《ひき》を宙吊りにして下から火を焚いて焙《あ》ぶると、熱くなってもがきだす、而《しか》して魂が気体になって体から脱出する。この時ゴムの袋または豚の膀胱などを蟇の頭上にかぶせるようにして気体を盛りこませて後に、その袋口を緊縛するのである。そうすると蟇の魂の保存ができて、夜分のお慰みができる。

まず障子を二、三枚、裏を出して並べ立てるか、または活動の映写幕を張るかして、その前面にかの袋を持参する。もっとも、その袋の口には、小さい竹の管を挿し込んでおいて、蟇の気体の漏れ出る途《みち》をつけておく。さて袋の口を障子または映写幕の方に向けて、グッとその下部を握ると、管の先から、石鹸玉《い》が出る如くに煙細工《けむりざいく》のような蟇が、一個飛び出して行く影が映る。二度握れば二個出で、五度握れば五個出る。大小濃淡、握りかたに応じ、蟇の気のあるかぎり、何十個の煙の蟇が飛び出す。

蟇の膏《あぶら》や小便は、古来、わが国や支那で、種々なことに使用されるという言い伝えがあるけれど、西洋のように、その魂を使うという案には及ばない。天一のみやげ話がはたして実際西洋に行われているならば、西洋人も案外話せるしろ物である。丹念に捜せば西洋にもどこかに、蟇仙人があるかも知れぬ。蟇の膏だの小便だのが、金創その他の薬方や奇術のまじない事に霊効ありと伝えられたのは、この動物が怪物的生類であるから、涎《よだれ》でも小便でも御利益《ごりやく》があろうという類《たぐい》で、いわば本願寺法主《ほっす》の入浴した湯を、門徒が戴いて飲んだり、服薬にするのと同じで、多い中には、まぐれ当たりに何かのご利益《りやく》になるものがあるに決まったことだ。

ある経験者の言に、蟇の小便というは、じつは精液である。この動物は、吊り下げられて面前に鏡でも見せられると、自己の姿を雌と誤認して昂奮の結果、滴精をするのだという。また曰く、蟇の全体の疣々《いぼいぼ》から白色の粘液を分泌さす法があるが、分泌物はいわゆる膏であって精液とは相違する。

著者は、この物の膏や尿を採取して使用した経験がないから何とも申さぬが、蟇の膏からなる蟾酥《せんそ》は、安禄山《あんろくざん》がこれを以ておおいに玄宗の後宮を蹂躙したという言い伝えのある物で、神効ありといった人もある。

その使用法は、天文年間、堺の薬種商が松永久秀に伝えてから世に漏れたという記録もあって、珍剤の横綱格とも称せられてある。また蟇の膏を眼縁に塗って、深淵の底に潜り入ると、日光の透過せざる水底にても、よく物が見えるという人もある。また蟇の小便を墨汁に混ぜて石に書《しょ》せば、その墨瀋、石に滲徹すること五分または一寸、書せるものは永久に痕せられる云々。

体の排泄物さえかく奇効あり、と信ぜられた蟇の精神力や生理力の強烈なことは想像にあまると考えられるのは、過信の弊《へい》に陥ったとは言い難い。

古来各地に流布している蟇の怪異談中、もっとも普遍的な食物の吸引事件、例えば、蜂の巣や蚊柱の立っている下へ往《おもむ》いて口を開けていると、蜂の児《こ》や蚊が落下して口の中へ舞い込むとか、蚕が糸でもつけてひかれるごとくに縁側の外へ出て、下に待ち受けた蟇の口にはいるとか、灯油が糸の橋のごとくになって行灯《あんどん》から外へ出たとか、こういう事実は、不幸にして現代の科学者たちには信じられない。一般の動物学者や博物家が、すべての動物を研究するにあたり、概して分類や生態の方面にのみ腐心し、性習の方面は、誰人にも観察されやすい、きわめて表面的のことにのみ手をつける傾向のあるのは、唯物主観の勢力ある時代であるからであるが、さらに一歩を進めて動物の心的磁力を研究する必要が十分にあると思う。

事例

蛇をクソ茸《だけ》にする

蟇が蛇を殺して砂の中に埋め、上から小便をかけ置くと、やがてクソ茸が生えるのでそれを喰う、という伝説は古来各地にあるも、少しく疑わしかったが、知人のこれを目撃した話を得るにおよんで、古人の伝説の必ずしも迷信的虚妄譚たらざるを覚えた。

明治三十年の夏の正午過の炎天時に、島根県安濃郡波根東村の産土神八幡社の地続きなる砂丘の小松原の下で、数十人の者が何物かを囲繞して見物をしていた。その所を通りかかった同地の小学校長の板倉氏が寄ってみると、五寸ばかりの一疋の蟇が不動の姿勢で地面を監視しておるさまだったので、氏は人々に様子を聞いてみると、下の如く告げられた。

最初この蟇と一尺五、六寸の蛇と約半時ばかり闘った時、蛇の方が攻勢を続け、蟇を捲き締めると、蟇は急に腹を細くしてスポリと抜け出る、蛇はまたそれを捲く、また抜く、何十度となく同じことで闘う内に、がぜん蛇は弱って長くなってしまった。そのとき蟇はおもむろに寄って、蛇の体へ砂をかきよせて埋め、その上に乗っているところだ。

やがて蛇の塚から茶褐色のクソ茸めいたものが生《は》え出したが、実に迅速に生長し、見るまに五分となり一寸となると、蟇がそれをパクリと頰《ほお》ばって喰う。するとまた下から伸びて来る。校長はそれだけを見て立ち去ったから、結局のことは知らない云々と著者に語ったことがある。

怪光を吐く

明治二十八年のこと、会津若松の上市町の書肆龍田屋の主人が、夏のある夜に外出先から帰ると、納屋と倉庫の間の狭い路次の地面から、探照灯を差向けた如く、淡い一道の光輝が立って、倉庫の白壁を照らしていたので、怪しみながら路次戸をあけて内へ入って見た。
　怪光は地面の一点から発していたので、鍬を入れてみると一疋の大型の蟇で、件の怪光はその口から吐き出されているのであった。蟇は子供の悪戯らしく、背中から五寸釘が串差しに刺してある。しかるにこの時、家では八、九歳の息子が高熱に悩まされて医療に罹っている最中なので、病因はこの蟇の一念だろうと察し、主人は畏れて直ちに釘を抜いて蟇にわびを言い、負傷の局所へは蟇の脂を塗ってやって庭内の安全地へ放つと、彼の怪光もやみ、また息子の病気も快癒したという。（実見者H氏談）
　蟇の口中から光線を放射するということは、実見者でないと信じられぬ事実であるけれど、人間や高等動物の心霊は発光体たることが、近年科学者の実験によって認知されたことであることを思えば、この話も虚誕でないことは明白である。

◇

　右の話と酷似した事実が、寛政頃に岡山藩の牧村某方にもあった。

　それは、ある夜、七歳の小児が暮合から発病に罹《かか》り昏睡中、数次ワッと泣き出し、泣きやんではまた泣き出す、何の病か一向にわからぬが、とにかく医者を迎えにやってから、便所へ行くと、土蔵の礎の所から青火が燃える。それと同時に小児がワッと泣き出す。青火はいったん消えたが、またも燃えると、同じく小児が泣き出すから、怪しんで便所から出て土蔵の際へ行って見ると、小児の戯れらしく、石を積み草を挿して墓場が真似てある。それを取りのけて下を見ると、大なる蟇が釘に貫かれたままに埋めてあったが、蟇は死もせず片息で苦しんでいる。その釘を抜き取り薬をつけて放ちてやったら、小児の熱が引き去り泣くのも止ったという話がある。

猫を溶液にする

石見国大田町の南接地たる久利村に屋号柿の木なる農家があるが、ある日、主人は来人と談話中、庭前の柿の老木に隣家の方より一疋の猫が来て駆け登り、枝上に停立して、背を高くして下方をにらむさまは、敵を待つものの如くである。しかるに、下には何物も追迫して来ないが、猫は依然として樹上で背を曲げ、四足は伸ばし得るだけ伸ばして力身《りきみ》返っている。

やがて猫の全身から、灰色をした液汁がダラダラ際限なく滴下して地面へ溜り、溜ったのが蝋《ろう》のごとくに凝《かた》まって、その大きさは、大皿を伏せた如くになった。その中に猫は次第に姿勢が緩み出し、ついにはグタリと力がぬけて体も目に立ちて痩せ細り、最後には樹上より地へ墜ちてしまって動かぬこと死したる如くであった。

しばらくたつと、どこからか大きい蟇が一疋匐《は》い出して来て、彼の蝋《ろう》状のものの周辺をめぐりながら、土砂を掻きよせてこれを埋め、そのかたわらにうずくまっていると、やがて不潔な土団子のごときものが、ムクムクと生え出して来た。その物には臭気があると見え、四方から蒼蠅がよって来るのを、蟇は一ツ一ツ巧みにパクつくこと四、五十疋にもおよんでから、ゆうゆうとして立ち去った。

後に人々は出て見るに、猫は骨と皮ばかりになっていたという。猫は気の強い動物であるのに、それを気負けさす蟇の精神力には驚くの外はない。蟇が猫を殺したのは敵本主義で、目的は蠅を捕《つか》まえて喰うのにあったのである。猫の肉脂が液体になるのは化学的作用であるが、蟇はただその一念を射出しただけで希望を遂げたのである。実見者は美濃嘉七という今は故人の刃物鍛冶である。

敵対の動物

蟇の敵は、虫類にては蛇であるが、虫類の外では主として獣類である。獣が蟇の敵たるは、喰わんがために敵となるのではなく、蟇に挑まれて敵となるのである。蟇は毒ありて何物の餌食にもならぬ。蟇より挑戦せざる場合にも、諸動物は蟇を畏怖して、これと闘うのである。ある人の話に、床《ゆか》の下で鼬《いたち》と蟇とが対《むか》いあって死んでいたという。また猫も蟇と相討ちの姿勢でどこかで死んでいたともいう。

少年時代に、郷里の新聞紙がどぶ鼠《ねずみ》の大なるものと蟇との闘いを報道したことがあった。約半時ばかりも噛み合いをやったが、最後に鼠は蟇の口吻《くちさき》へ喰いついた時、蟇は頭《くび》を

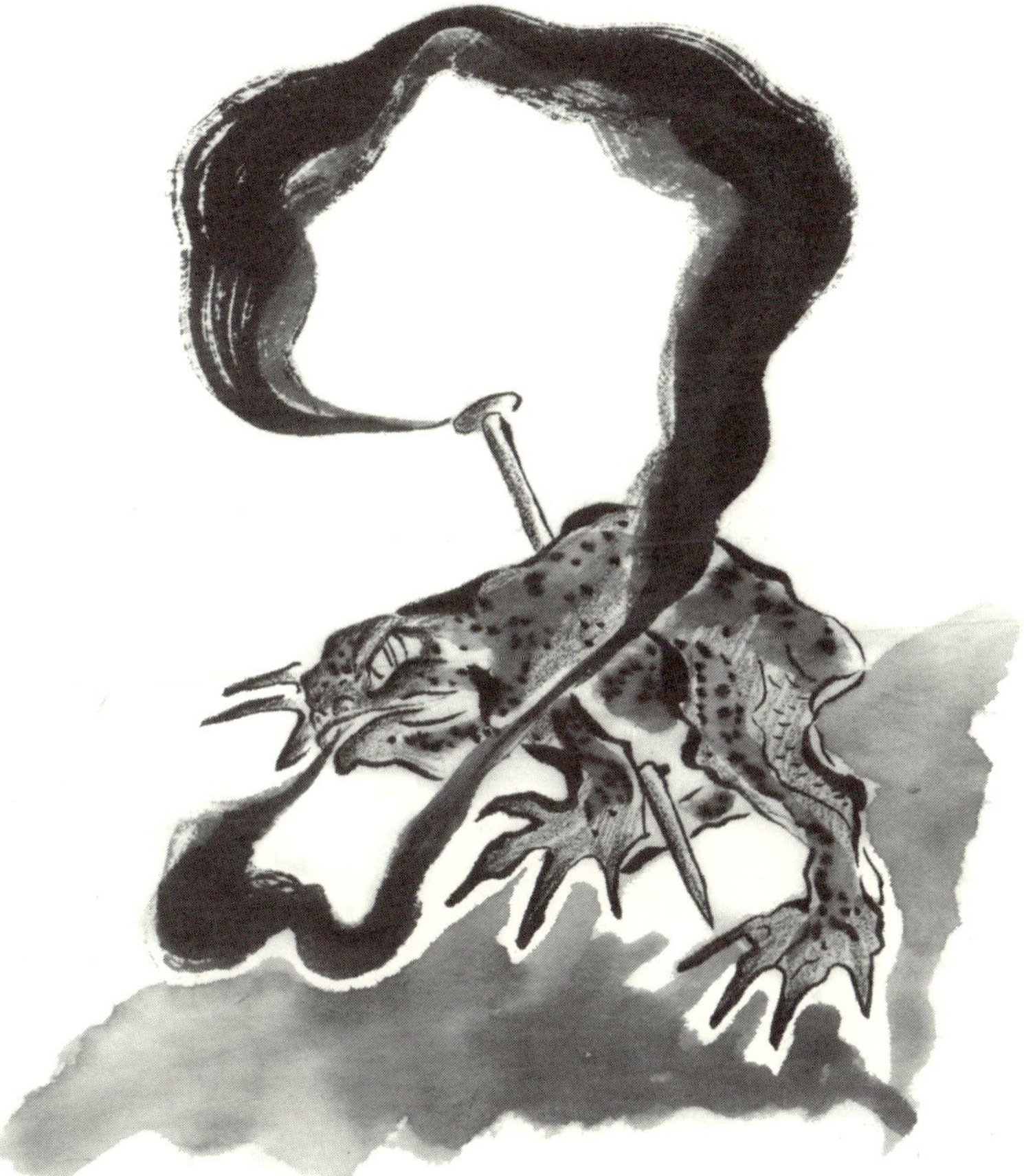

蝦　蟇

ふって鼠を二尺ばかり投げ飛ばしたら、鼠はそれっきりに死んだと書いていた。

古人の雑録に、大型の蛇が蟇を呑んだ記述があったが、蟇の大ならぬものは蛇に制せられるらしい。蟇の体躯は見かけよりも頑健なものである。かつて予の母は、夜分庭先にて過って三寸ばかりの蟇を下駄で思うさま踏みにじった時、踏み潰したと思って可愛そうがっていたが、後になって見れば、平気で虫を捕食していたという。ふつうの蛙は人に踏まれて潰れぬはない。

小さな隙間《すきま》をくぐる

蟇を捕まえて容れた器物に、どんな緊密な蓋《ふた》を施しても夜の間に逃げ出すということは古来各地で言うことであるも、著者は半信半疑でおり、蓋《ふた》を堅固にしたと思っても逃げ出す余隙のある時に逃げるのだと想像していた。

しかるにその後において、著者の経験を総合すると、蟇の隠身術または消身術などの伝説には根拠があると考えられる。

著者が郷里における時、夏季には毎日のように台所の土間の流し口のほとりに四、五寸ばかりの蟇が徘徊するのが二カ年ぐらい続いたが、その蟇の穴は一向に知られなかった。

しかるにある陰鬱な曇天の夕刻に、かねて土間の隅に置いてある漬物《つけもの》の重石用《おもしよう》の一尺立方の真四角な石の下からかの蟇が這い出《はだ》したのが見られた。この石と土間との接触面にほとんど間隙《すきま》がないから、不思議に思って、われら夫婦は、石の下へ竈用《かまどよう》火箸《ひばし》を挿しこんで見ると、火箸だけはかろうじてはいるのであった。

そこで、石を刎《は》ね起《お》こして見ると、裏の中央が、円径二寸あまりの杯形に浅く窪《くぼ》んでいて、小さい煎餅なら三枚たらず、普通のお針用の糸捲きなら、一個がやっとこさ入るばかりの間隙であるから、あの大きいふとっ腹の蟇が、どうしてこの窪みへ潜り込んで日を送るかとほとんど奇怪の感に満たされたことがあった。このことをある人に話したら、その人はこれは信じられぬことだ、窪みの見積もりちがいであろうと言い張った。

『北越奇談』に著者の経験が書いてある。

文化元年の夏六月、信州鬼無鬼《きぶき》山中の松巌寺に滞留し、障壁に書くこと数日、その寺の後園に大蟇数十ありて、黄昏《たそがれ》より洞口を出で四方に乱飛して食を求む、その声甚だ喧《かまびす》し。さなきだに短夜の眠りを妨ぐること連夜なり。是に依て、予、堂頭和尚に謂し、このことを以て、蟇を他所に移さんことを乞う。和尚曰く、過年江湖の僧ども打寄りてこの蟇の禅定《ぜんじよう》妨ぐるを悪《にく》み、一夕洞口より岐《みち》へ出づるを捉え盡《つく》し、俵二ツに入れ、門前の急流に棄てたりしが、翌朝皆帰り来りて元の如し、力を労して功無しと。（中略）

其夕、若僧大蟇一疋を捉えて銅盥《どうだらひ》に入れ、板石を以て蓋とし、其上に尚ほ大石をのせ、我枕に近き障子の外に置き以て其奇を試みんとす。さて終夜、他の蟇ガウガウと鳴わたるに、銅盥中ただ時々グウグウと微声ありて、予も亦眠ること能はず、丑の時頃より寺僧起き出で堂上に読経の声喧く、漸く明《あけ》七ツにもならんと思う時分、四方に散乱せる蟇 忽《たちま》ち庭に集り来り、その鳴声数百群なりしが忽《たちま》ちその声止みて粛然と物凄し。また銅盥中の声も不レ聞なりぬ。

予怪しみ乍《なが》ら臥居《ふせい》たるに、若き僧たち二、三人走り来り、如何にと問う。依て予も起上がり彼の大石を除け板石を取りて銅盥《どうだらひ》中を見るにさらに一物無し、不思議というも余りあり。凡そ蟇は烏《からす》を恐るゝのみ、犬猫といえどもさらに顧みず、道を避けて行く、実に虫類の怪物なり。

武士に化ける

島根県には蟇が多い。慶応二年長州征伐の頃のこと、邑智郡小原村の巨刹浄土寺に怪事が連夜あらわれて一村を驚かした。

この地方は幕領大森銀山の代官配下の片田舎であって、ふだんに武士の姿を見ることはほとんどできないところである。しかるにフと夜陰になると、十人二十人ぐらいの武士が、浄土寺の本堂の縁側に列次を作って坐っているのが各人に見られたので、最初は幕軍に反抗した長州武士が進入して来たのであろうなどと言われた。

しかれどもまた、寺へ現われる武士は妖怪である、蟇は武士の姿に化けるというが、寺内にはかねて蟇が多く現われるので、きっと蟇のおばけであろうと評議された。

その結果、ある日村民総出で寺内を捜索したら、寺の裏の岩山にして、江《ごう》ノ河《がわ》の急湍、俗名蛇《じや》ヶ淵《ふち》の上に臨んでいるところの岩窟内に、大小数百疋の蟇が集合しているのが見つけられた。これだこれだとて捕え集めたら、大叺《おおかます》に一パイになるほどおったので、叺《かます》もろともこれを江《ごう》ノ河《がわ》の急流に投じた。それからは寺内の怪異がやんだ。

古人の記述

寛政十年七月の頃、江戸服部坂辺りの屋敷にて蟾蜍《ひき》の出でしを、猫出でてさいなみしに、同じく蟾蜍出でて猫を取まき、毒気を吹かけ殺したりと云ふ。(半日閑話)

福山の人、夜中に過ちて蟇を踏殺せしに、その蟇潰《つ》ぶるゝ時に、一方の足の内踝《うちくるぶし》の所に蟇の息かかりて、熱きこと熱湯を注ぐが如くなり。寒熱甚《はなはだ》だしくて数日悩みしが、色色治療を加えて漸くに癒《い》えたり。その翌年、その時節に至りて、その人故《ゆえ》なくして頓死せり。(反古風呂敷)

下総国の士人の話に、七月十六日相馬郡大留の里に一丈四五尺の巨蛇出る。この時一尺八九寸の蝦蟇出で丶これと闘ふ。来り見るもの数百。夜陰に及びて闘ひやまず、観者倦《う》みはて丶家に帰る。夜明けて観るにいまだ闘ふ。かくて二日、十八日に及び子《ね》の刻に至りて巨蛇死せり、蝦蟇は行方知らずとぞ。(安政見聞録)

長崎の人、福田六佐衛門といふ者、朋友五、六と遊山して、岩の上にて酒飲みいたるに、一人これは大なる蝦蟆《ひき》なり。その目光りて見ゆると云ふ。六佐衛門籌《はか》りて大なる竹の筒に火薬を仕掛け、蝦蟆の口中に差入れ遠く走り退きたるところ、大なる響聞こえたり、後ゆきて尋ねしに蟆は見えず。六佐衛門ほどなく狂気して死す。(秉穂録)

三日町村にて蝦蟆の土竜《もぐら》を捕って土に埋めけるに、忽ちに小虫に化しけるを、三尺余り隔て丶口を開きて吸いこみけるを見し人ありて語りき。(信濃奇談)

我が友、信州の人の語りしは、同じ所の人、千曲川へ夏の夜釣に行きしに、人の三人も居るべきほどの良き岩、水より半ば出でれるあり。よき釣場なりとて、これに上りて釣を垂れ居たりしに、暫しあってその岩に手鞠ほどの光るもの二つ双《なら》びて出で来たり。こは如何にと思う内に、月雲間を出たれば、よく見しに大なる蟇にてありける。光りしものは目なりけり。この人生きたる心地もなく、何も打棄てゝ逃げ帰りしと語りぬ。（北越雪譜）

潘書堂同治五年夏、張氏の楼房に賃居す。四顧空潤、天気陰沈、忽ち見る、天上に三大蝦有つて、跳躍して前《すす》むを見る。水に泳ぐものゝ如く、長さ尺余、東に向って去る。挙家皆見る。何物たるを知らず、これを書して以て査考す。（見聞続筆）

文政元年、播州佐《さ》用《よ》郡佐用宿の甘酒屋という茶屋の裏庭にて、蟇と鼬《いたち》とその間凡《およそ》二尺余を置いて稍久しく睨合いたる内に、鼬の口より白き糸の如き物出でゝ蟇の口へ入るほどに、次第に鼬弱りゆきて遂に死したり、これは石州浜田藩士多田某の実見して語りたる咄なり。（想山著聞奇集）

信州小平村の俳人介亭と云へる者の宅にて、蟇の目四ッあるありて、夕暮毎に大なる口を開きて居れば、蚊蜂などのような物いづくともなく飛来りて口に入りける由見えたり。

（白紙物語）

新潟真浄寺の僧某、秋の夜外出先より帰る時、堀ばたの小屋の簷下《のきした》を通りたるに、忽ち心淋しくなり身の毛よだち、四辺《あたり》を見ると、萱葺《かやぶき》の厠《かはや》の上に南瓜茂りたるが、葉の間より一個の青みたる人の頭ありてニッと笑う。僧驚いて力限りに杖にてこれを打ち、化物ありと大呼す。人々出で火を点じ見るに、南瓜に杖の痕あり、人々笑う。僧恥じてさらに南瓜を打つに、グウグウの音あり。人々怪しみ葉の蔭を捜がせば、狗子《いぬこ》の如き大さの蟇ありて、すくみ居たり、此奴なりとて打殺したり。（北越奇談）

文政五年八月十四日、不一云ふ、世人の云ふ人魂《ひとだま》と云ふは蟇のわざ也と云ふことを慥《しか》と見止めし人あり。己れ知れる人御普請方の役にて鎌倉に至りし日、或る夕、旅宿の庭先の垣の下へ蟇一つ来りてしきりに土を穿つ。怪みて見て居るに、よき程に穴を掘りてその中に入り、自ら足にて土を被《かぶ》りかけ終《つい》に土中に隠れぬ。如何なるかとそのまゝ見捨つ。さてその夜三更のころ厠に入りて窓の元より日和や如何にと見たるに、垣の下よりバッと云う音ありて光るものフワフワと飛出で、何所へか失《うせ》ぬ。大に驚きつらつら見るに、其《その》光り出たりし所の、彼の蟇の埋みしあたりなりしかば、夜の明くるを待て出て見るに、其所なり。土四方に散りて、その中には白き泡のやうなるものありて蟇は居らず。これ正しく彼が化《か》して人魂となるに疑ひなしと云へりと語りぬ。（寝ぬ夜のすさび）

元文三年、江戸なる松平美濃守下屋敷、本所にありて方三町余の沼あり。一年この沼を埋立てんとの議ありしところ、上屋敷の玄関に、憲法小紋の裃着たる老人一人来て、取次の士に言ふやう、私儀御下屋敷に住居仕る蟇にて御座候、此度私住居の沼を御埋め被成《なされ》候御沙汰あり、何卒御見合せ被下度《くだされたく》奉願《ねがいたてまつる》との口上なり。

取次の士退座して怪しきことに思ひ、襖を隔てゝ窺えば、憲法小紋の裃と見えしは、蟇が背中の斑紋にて、大さは人の居りたるが如く、両眼鏡の如し。即刻美濃守へ申達したれば聞届けに成り、挨拶して埋立を止められぬ。（江戸塵拾）

狩野伊川院（絵師）或る夜座右の行灯の油、細く虹の如く成りて発したり。如何なることと、驚いて能く見れば、油の虹様の先端は二間余ある向うの縁側の下の蟇の口に入たるを見て、是よりけしからぬ蟇嫌いとなりたりとのこと現実の咄なる由聞く。

また曰く。殿中にて同僚の語りたるは、厩に蟇住めば、馬心気衰え終に枯骨となる、人家床下に蟇住めばその家の人鬱々と衰え煩うことあり。ある古き家にて病人多く、また雀など縁ばたに来りしに、何の事なく縁下へ飛入て行衛しれず、あるいは猫鼬の類も縁の下へ引き入れられる様に入《いり》て行衛知れず、斯ること度々ありし故、主人怪しんで床を離し、下へ入て捜しけるに、大蟇、窪める所に棲み居て、毛髪枯骨の類夥しく傍にありし故、これを打殺し棄て、床下を掃除なしければ、病人も快癒しけるとなり。（想山著聞奇集）

猫

解説

動物の妖怪に関する説話にして、その歴史の最も新しきは猫である。猫の怪異談の世に現われしは、ようやく元禄時代のことにて、それ以前には絶えて聞くことがないから、ある人は、猫の怪異的伝説をもって全然小説と断じ、かの世に膾炙《かいしゃ》した佐賀怪猫伝などをその証例にとり、徳川時代に流布した猫股話《ねこまたばなし》の信を措《お》き難《がた》きを論弁した。

しかれども、猫属動物の性情や智能や、その動物磁気的な衝動力から考えてみる時は、昔人の伝えた猫の怪異談は、あながち荒唐無稽の附会説として全部を葬り去ることはできないようである。

猫

猫は虎と同種源の獣で、ともに動物磁気的魅力の所有者であるが、いずれがその力が優れているかというと、若きものは猫よりも虎において優れ、老大のものは虎よりも猫が優れているのは、猫がつねに人類と接触して、その智力と精神力とを練《ね》る機会が多いからであるとみなされる。

支那には、虎の妖異が多くして猫の妖異が少ないのは、人が虎を格外に畏怖して、猫の妖異に心を奪われぬためであろう。

猫の動物磁気の強盛なのは、夜陰によく実験ができる。夜間外を歩むに、塀の上または路傍の樹上などに猫あって、下を行く人を密かに窺う時などには、人をしてゾッと寒けを感じさせる、その衝《つ》く気は、猫の居所の高低には関係なく、概して人体の下方から冒《おか》し上るので、これは人間の気が人を衝く場合に、必らず頭上から被《かぶ》せるがごとくに蔽《おお》いくるのと反対である。猫にかぎらず、獣の気の襲い来るときは必ず下方より冒し上がる。

猫の動物磁気に富めるは、黒毛と虎斑毛との二種にして、ことに前者において優れたところが見られる。黒猫がその長き尾を、半円形を描くが如くにして左右に振りながら、金睛を凝らして高所にいる鼠を見つめる場合には、たいていの鼠は気を失い、麻痺するがごとくになって、みずから猫の面前に墜落し来《きた》ること、かの蟇の蚊蜂類の小動物が流れ込むがごとくに吸われ行くのと同じ状勢がある。

猫の狡智の一例を掲げよう。島根県安濃郡新田《にいだ》の農民田中某方の老猫は、家人の不在時には、台所において箱膳を二個積み上げ、それを踏み台にして食物戸棚の戸をあけ、なかの魚類を盗み食いしたる後、戸を閉めて箱膳を元のごとくに取下ろして、犯跡を隠蔽する狡智を有していた。

同家では久しくこのことを知らずして、食物のしばしば亡失するを、嫁のつまみ喰《ぐ》いにかかるものと猜察し、嫁は永く寃罪に泣きいたのであったが、猫の盗み食いが一朝発覚するや、その家の老母は猫に対して、人に物言うがごとくその老猾を譴《せ》め、因果を含めて暇を与えたところ、その猫はこれを解したと見え、即日に出でて附近の山中に入り、再びもどることなく、その後一ヶ年ばかりを経て、隣村の山中において野生生活をなしつつあるのを、元の飼主に見られたが、猫は旧主人に対していささか記憶を有せるさまを現わしたるも、ついには接近することを厭うて逃げ去ったという。

事例

山猫の妖磁気

山猫はその野生生活における必要上、家猫に比して彼らの動物磁気力の強大を要する理由ありとみなし得らる。

石見国安濃郡大田町字長谷の奥に小字虚空蔵なる淋しい一区画があって、そこに人家がただ二戸あり、いずれも屋号を虚空蔵と称し、本家分家の間柄であるが、明治初年のこと、ここに人家としては、まだその本家一軒しかなかったおり、主人は狩猟を本職とすることとて、毎日、山に猟銃を担ぎ込んで生活をするのであった。

ある日、夜に入り、数里の山路を辿《たど》って帰り、住居の谷間にさしかかると、夜闇の裡にわが家の屋上と見ゆるあたりに、赤色の星のごとき二個の怪光のあるのが望み見られた。この距離は約三十間ばかりであった。怪《あや》しみながら家に近づいて屋上を透かし見れば、小型の犬ほどの獣が眼を光らしてうずくまっているのであった。

ただちにこれを射撃したらたしかに手応えがあったので、戸外から家族をよんで灯を求めたけれど、応ずるものがない。戸《と》は閉じて、内から鍵がかかっているので、就眠したかと疑い、のぞき見をすると、焚火の残っている囲炉裡《いろり》ばたに数人の家族が縦横に横たわって死人のごとく、そのうちの一人が苦しげに唸《うめ》いていた。

そこで主人は驚いて、裏口から戸を蹴破って入ってみると、いかにも異常な寝方をしているので、体をゆすぶったり、背中を打ったりしてわずかに正気づかしたが、そのなかで十二歳の息子は、すでに冷え切って死んでいるから、急使を馳せて一里半ある大田町から医師を招き寄せて手当をしたが、その甲斐なくついに生きかえらなかった。

警察署から検死に来て、死因は心臓麻痺とかになったけれど、実は怪獣に気殺《きさつ》されたのである。

家族の言うところによると、一家のものは夕飯後、焚火を囲んで雑話をしつつ、主人の帰るのを待っていると、いつしか妙に睡気が強く襲い来て、老人の方が先に横になり、あとで若い者が横になったままでは覚えがあるが、女房は恐ろしい夢でも見てうなされるような声を発しながら、自分は一向に恐ろしい夢を見た感じはなく、いずれも無自覚であったそうな。

主人は屋上を調べると、血痕があってうしろの山林へ続いていたけれど、怪獣の屍骸はなかったので、致命の負傷でないことを知って残念がった。

この怪獣は山猫で、屋上から屋内の人々を眠らせたのであるが、その魔気が猛烈なために、息子は精魂を吸取られて死亡したと解せられた。

右の山猫の眼が、三十間ばかりも遠くから赤星のごとくに見えたということは、いっけん法螺《ほら》のごとく想われるかもしれぬから、一言《ひとこと》説明をする。

野生の猛獣の眼は、殺気を帯《はら》んだ場合には、平常よりも幾層倍も光るものである。

福井三郎という人が先年、人夫をつれて平安道の山道を夜闇に旅行をした時、行手に赤い火が二つあるので、人夫が一服煙草を吸いたいからとて休息を申出たところ、荷をつけていた馬が驚いてはねだしたために、その火光は虎の眼たることが知れ、一行はほうほうの体で逃げ出したことがある。

また明治前のことである。著者方へ四里ばかりの所を、舟に薪木を積んで、宍道湖なる湖水を渡って来る農夫があったが、ある日もやって来て酒食を侑《すす》められ、日が暮れてから舟に乗って帰村の途についたところ、三里ばかり行って睡くなったので、秋鹿村と大野村との村境の湖岸に舟を寄せてしばし横になって寝た。するといつしか顔面を松葉の束ねたものでつつかれるごとくにチカチカするので、何度となく手で顔を撫でた末、起き上がって見ると、岸辺に一疋の狼がいて、両眼を赤星のごとくに輝かしていたので、驚いて舟を沖へ出し、二、三十間ばかり遠ざかったけれど、狼の眼は依然として赤く光るのが明かに見えたということであった。

狐のスパイ役

猫は、人を襲わんとする狼のために斥候《せっこう》の役をなす狐のスパイをつとめるという伝説がある。また猫は狐の誘惑に応じて、これと交わることがあると古い書物にあったのを、どこかで読んだこともあるから、猫も狐狸等と等しく邪獣たるの資格があると想うべき次第もある。

猫が狐のスパイを演《や》ったという事実は下のごとくである。

約九十年ばかり前のこと、松江の東郊市成《いちなり》の川へ、梅雨季のある雨降りの夜に北田町に住む藩士数名が各自の漁舟に乗って出で、川の各所に位置して、各々四手網を下ろしていたが、その一人渡部某は、百足橋なる土橋の南詰に舟を繋いで網を下ろしていた。

夜は小暗く、雨はソボ降る。漁獲物は少く、何となく睡魔の催すのに堪えかねていた折柄、橋の上に一疋の猫が出て来て、下瞰《かかん》して舟を窺って去ると、まもなく北方の山手の方から狐が橋の上に出て来て、またも舟中を窺って去った。

渡部某は、猫が出て狐が出ると次には狼が出るという伝説を想起し、用心のため艫坐《ともざ》の上に、人間が臥《ね》た形に簑笠を仕立てて置いて、舟から上り二、三十間ばかり隔りたる場所の僚舟に避けて様子を窺っていた。

するとやがてほど近い山の方向から出て来た一疋の狼が、岸上より猛然かの舟に飛び入って、擬人的に装置された簑に喰《くい》つきたる態《さま》が、川光りに闇を透かして見られた。かくて狼が去ってまもなく、前面の小山の方にあって、獣の断末魔の悲鳴が聞こえた。

翌朝、村民の報道にて、その小山の入口に一疋の狐の屍骸の喰い散らされてあることを聞き、これ夜前の狼が怒ってスパイの狐を喰殺したのであるを知った、という話がある。

古人の記述

文化十年六月十九日、江戸湯島の円満寺前のせんべい屋へ、毎夜のように大猫が来て食物を盗るので、亭主が腹を立て、わなを設けて生け捕り、むごく打ち殺して首に縄をつけ深夜に女房をして、うしろの桜馬場の芥捨場に捨てに行かせた。

女房は心剛い婦であったと見えて、その縄を引いて、一人で馬場へ猫捨てに行って戸口へ戻ると同時に、アッと叫んで気色が変わり、良人《おっと》に飛びかかって爪で掻きむしろうとして狂うこと、猫の身振りに違《たが》わない。

亭主はおおいに困って、いろいろとしたけれど狂猛凄《すさ》まじく、一人の手にはあわぬので、逃げ出して近隣の人を呼び集め、多衆の力で取りしずめようとかかったが、なかなか困難で、ようやくのことに手足を縛し得た。

しかるに女房は一も人語をなさないで、ただニャニャニャワウワウと猫の叫びをするばかり、翌日に物を食べるのに、容器の内へ顔を入れて口で掬い取り、魚類ばかりを欲しがって久しき間、亭主を苦しめた云々。(豊芥子日記、摘意)

嘉永の初年、江戸浅草付近の裏棚住居をする野菜行商の細民某は、その老父が病気にかかってからは、日々の職業を休んで、夫婦でまめやかに看護をしたけれど、いっぽうでは貧乏が襲うので、老父の病のあいまあいまに行商に出て、辛らく一家を支持していた。

かかる状態であるから、ある日、年久しく飼い馴らした猫にむかって、冗談半分に、今日の生活もできない身分になったので、汝を養いかねるが、汝は畜生であれど心あらば恩に酬いるようによく考案をせよと言った。

しかるにこの猫、いつしか姿を見せなくなって数日をへたが、ある日、病父が、猫は昼になるとなぜおらぬかと問うたので、猫は四、五日前から一向にいないようになったと告げると、病父が、猫は夜は毎晩帰って来て、わが臥具《ふしど》の上へあがって寝てくれるのだが、腰が痛いときには腰へあがり、肩の痛むときには肩へあがり、また足が痛むときには足へあがってくれる。猫があがっているときは、そなたらが撫《な》で擦《さす》りしてくれるよりも具合がよくて、快く寝られるのだと告げた。

若い夫婦は、合点のいかぬことを告げられたと思い、以来注意をしているに、猫は一度も帰って来たのを見ぬ。しかるに病父は、毎夜猫が来てねてくれるとて喜んでいるうちに、おいおい病気が軽くなった。

ある日、見知らぬ人が尋ねて来て、この家には猫があるか、自分は夢の告げによって来たのであるが、猫があるなら買い取りたいと言った。亭主は、飼い猫があったけれど近頃逃げて行方が知れぬ、と答えると、イヤ生きた猫ではない、土にても木にても作った猫ならなんでもよいからとの切な懇望に、ぜひなく近辺の番太が店で手遊びに造った土の猫をもらってこれを与えたら、その人はおおいに喜んで、お初穂だとて鳥目《ぜに》をいくらか置いて去った。

つぎの日はちがった人が尋ねて来て、またも猫をくれという。なぜか猫所望《しょもう》の人が日増しに多くなるので、一家のものは不思議に堪えかねていたが、なにぶん所望者が蝟集するので、ついに親子三人相談をして、今戸焼の猫を十個二十個と買い求めておくと、じきに人が所望して行き、その収入は野菜を売るよりもはるかにましであって、生計も楽になる、病父の体もまったく平快に赴《おもむ》くし、これは猫の霊験であると知るようになった頃に、猫はフッツリと老人の寝間へ来なくなった。

この奇怪な猫の報恩事件が名高くなり、猫崇拝者が相談をして、もし猫が死んだなら石碑を建てて、菩提を弔ってやるがよいと勧めたので、翌年は浅草寺の境内の随身町の内に土焼の猫の店を開いた。それを遠近聞き伝えてお猫さんと称え、初穂だの、願望成就の神酒代《おみきだい》だのとて少なからぬ奉納銭が得られ、嘉永五年の春にはいよいよ繁昌を来たし、猫の座布団のさまざまなのを作って添《そ》え売りをするまでになった。(巷談贅説)

猫は狸奴と号して狐狸のため使はるゝものなれば、誘引せらるゝ時は共に化けて踊り歩くこと也。狐狸の集う所には必ず猫混ること也。ある人越ヶ谷に知音ありて行て両三日宿りたるに、毎夜座敷の方にて人の立居する如く密に手を打て踊る声聞ゆる故、わびしく寝られぬまゝ亭主に斯くと語りければ、さもあれ心得ざることゝて亭主伺い行ければ、驚きて窓の櫺子《れんじ》より飛出るものあり。続きて飛るものを箒木にて打たれば、あやまたず打落しぬ。火を灯し見れば家の古猫、この客の皮足袋を頭に絡《まと》いて死してあり。斯れば狐など踊り騒ぐは猫も交りてあるべしとその人帰来して語りぬ。(譚海)

寛政八年、上野国の某村に屋根屋渡世の男某（住所姓名及び領主の名前など今は悉く忘却したるは残念と著者は付記している）は、孝行者で、妻を迎えると孝行の妨げとなるとて、無妻で一人で老母を大切に孝養していた。

老母は元来温順な性質であったが、両三年このかた急に酒好きになり、毎日二合を定量として買い求めさせて飲み、また心も荒らびて気むづかしくなった。また奇怪にも光明《あかり》を嫌い、なるべく室《へや》の隅《すみ》の暗がりを好み、夜寝るにも、一室よりない座敷の中央に障子を仕切らせ、わが子とはなれて寝る習慣になっていた。

ある時、その屋根葺《やねふき》が、同業者を寄せて酒食の振る舞いをなすとて、午《ひる》過ぎて種々と準備し、酒もたくさん求めて待っているのに、なぜかその晩に仲間が一人も来なかったので、酒食の用意が駄目となり、母子《おやこ》で平らげてしまったが、その時に老母一人で酒二升から飲んだので、大酔いして寝間にひっこんで寝てしまった。

そのうちに老母が苦しげに唸く声がするので、酒にでも中毒《あた》ったかと案じ、灯《ひ》をつけてのぞいて見ると、大犬ほどの怪猫が、母の衣服を着たまま四肢を張り、酒に酔い臥して余念もなく、唸くはその鼾《いびき》であったから、実に驚いた。

しかしかの男は沈勇で分別のある男であったから、あわてずに黙考した。自分は猫又《ねこまた》の児《こ》であったろうか、まさか左様ではあるまい。この姿を見たうえは見逃しはならぬと思案をきわめ、苧縄をもって怪猫の四足を堅く縛りあげたのに、天運の尽《つ》くるところか何も知らずに熟睡している。

かくてかの男は、村内の人々に急報し、庄屋や仲間職や隣人がおおぜい、熊手《くまで》棍棒《こんぼう》類の機具をさげて来て見るに、怪猫はまだ寝込んでいるので、容易に生け捕にして柱へ搦《から》みつけた。

かくて人々は怪猫が実の母を喰い殺して、代わりに化けているのだと気づき、床下を探索したら、はたして老母の骨が発見されたので、いよいよ驚き、領主へも訴え、猫を代官役所へ引きずって行ったが、勝手に処分せよと命じられて、またも家に連れ帰り、親の敵と、出刃包丁でずたずたに切り砕き、村の入口の分れ角に埋め、猫又塚《ねこまたづか》という大きな碑を建てた。

右の怪猫が、柱に繋がれているのを実見した大工の言によると、面部は極めて大きく、四足も犬の数倍の太さであって、普通の猫の割合を具していても、見なれぬためか一見非常に不恰好で、毛は赤茶と白と黒との三色で、尾は四尺ばかりあって、末端七、八寸ほどで二つにわかれており、鎖を二重にして大黒柱に繋がれており、昼夜十五人の番人がついているのに、猫は一向驚くさまもなく、居眠りをしており、見物が殺到して、かれこれと口やかましい時に、細々と目を開けるその眼中の尖《する》どさは犬や馬とは大違いで、恐ろしい眼を残らず開いたら、いかに大きくあろうと想われ、眠っているようでも、内心は隙《すき》を見て逃げようとする気色が十分にあったという。（想山著聞奇集、摘意）

著者は試みにある人に本文の原文を示して批判をさせたところ、その人の曰く、三年間も猫又《ねこまた》と同棲した孝子は、大間抜けである。猫がどうして人語をなすか、猫がどうして毎日の着衣を整うか、また老母を喰い殺すほどの猫が、なにゆえに男を寝た時にでも喰い殺そうとしなかったのか、犬よりも大なる猫、酒二升を飲む猫などという皆法螺なり、すべてこれ小説だ云々。常人の常識論は、まさしくこれで代表されているらしい。

予は試みに右の評言に応《こた》えて言わん。猫婆はなるべく家人に遠ざかっていたというから、ままじわす言語は暗示的の技巧が用いられたであろう。着衣は田舎の老婆の風習なれば、めったに帯などを結びたることなく、平素は細紐のようなものをグルグル捲きにしていたであろう。これくらいのことは、老猫の前肢にて容易になされ得るのが実例上知られている。また息子を喰い殺さざりしは、同棲して飲食を供給されるほうをよしとなしたのであろう。犬より大なるは山猫には珍らしからぬ。享保年間越後にて七尺以上の大山猫を狩り取った事実がある。

天保六年の秋のこと、江戸の牛込榎町に住む旗本侍の羽鳥氏方で、年久しく飼っている白黒ぶちの雄猫が、縁側にいて、人語で『来たか』と言ったら、隣家の猫が来てニャーウと答えた。羽鳥氏は障子のこちらでこの声を聞いたが寛悠《かんゆう》な人とて誰にも告げずにいた。

ある日、つねづね出入りする町家の人間が訪問して来たとき、その者のそばにて、猫がニャーアと啼くと、すぐにほど近い室《へや》の外縁にて『また来たな』と言うたものがあった。しかるに、そこらには誰もいなかったので、怪しんで障子を開いて見たら、この家の飼い猫がおったので、さては猫が言ったことと思い、おおいに驚いて主人に告げたら、主人はいっこうに驚いたさまもなく、このあいだも猫のもの言ったを聞いているとて、すましこんでいたそうだが、この猫はその後一年ばかりを経て老死した。（想山著聞奇集、摘意）

寛政七年の春、江戸山伏町の某寺の庭へ来た鳩を飼い猫がつけねらうので、和尚が声をかけて鳩を追い逃がしたら、猫が『残念だ』と言った。和尚おおいに怒って猫を捉らえ、小刀を持ち、汝畜生の身で、ものを言うのは奇怪至極だ、年久しく飼われた恩を思わず化けるつもりか、化けるなら真直ぐに申せ、申さぬなら突き殺そうと責めた。

そのとき猫が言うには、猫は十余年も生きておればものが言え、それより十四、五年も生きおれば神通を得て化けるなれど、多くの猫はそれまで生きず、狐と交って生れた猫は、十年をたたぬ内にものが言えるということを告げたので、和尚は赦してやったら、お辞儀をして出て行ったが、それっきりに寺へは戻らなかった。（耳嚢）

下総佐倉の医師・高木伯仙が、甲子夜話の著者・松浦侯の伯母に告げた自家の経験談がある。それによると、伯仙の父の代のこと、ある夜、就寝した後に、枕《まくら》もとに物音があるので、眼をあけて見れば、久しき飼い猫が、頭に手拭いようの布片を被《かぶ》り、立ちて手をあげて招くような風をして、ヨチヨチと小児の跳舞《ちょうぶ》するがごとくであったので、伯仙の父が枕刀で切りかけたら、猫は駭《おどろ》き走り、ついに二度と姿を見せなかったという。このことは明和安永頃のことらしい云々。(甲子夜話、摘意)

河童

解説

一

わが国には河童《かっぱ》という不思議な妖怪的動物が各地にいるように、古来いたるところで口碑や記録に残っているけれど、明治初年頃からフッリと河童の見聞談があとを絶ったことと、河童の習性や体制の奇怪なのと、それに関する説明が、多少各地毎に異っているのとで、現代人は河童をば、古人の無智無学から生じた迷信産物と断定するに一致し、ことに動物学者、博物学者などは、獺《かわうそ》の怪談を信ずる人の発した妄説だなどと一蹴して、テンデ河童を問題にしていないのだ。

著者もまたその通り、年来河童《かっぱ》を小説的架空の妖魅的動物と疑っていたところ、近年、石見国東部に行って調査の結果、ついにその実在物たることを認めるにおよび、古人が河童について書き残し言い伝えたことの労苦を謝し、またこれを喜ぶのである。（もっとも古来の伝説がぜんぶ真実とは言わぬ。ずいぶん誇張されたことも認める）

わが国の学者階級の人間が、今日河童のカの字も言わないのは、現代科学の先輩者である西洋に河童がないのでか、その書物に載っていないからである。

わが国の動物学者が一人として河童を調査しようともしないのは、この珍怪な動物のために憾《うら》みに泣かねばならぬ。

河童は西洋諸国には発見されないけれど、東洋にはわが国ばかりでなく、支那にもいるらしい。支那の雑書に記載されたところの水産怪動物の状況がわが国の河童に酷似しているからである。

『幽明録』に、

水蝹一名蝹童一名水精、裸形人身、長三五尺、大小不レ一、眼耳鼻舌唇皆具、頭上戴二一盆一、受レ水三五升、只得レ水勇猛、失レ水則無二勇力一云々。『裏沔雑誌』に、涷水出二章廬縣一注二汚水一、有二怪物一形如二三四才之童子一、有レ甲如二鯪鯉一射不レ能レ射、膝頭似レ虎、手足有二蓑蹼一掌熊爪、常没レ水出レ膝示レ人、小児近レ之輙咬レ之、逢レ之者

摘㆓其鼻㆒可㆓小便㆑之㆒、然則頭上之甲即迸裂、無㆓勇猛之氣㆒、土人呼曰㆓水虎㆒是與
　水蝹同物也。

と、支那人の言う水虎は実にわが国の河童に酷似をしているではないか。

支那の書で一番古く河童らしいことを書いたのは『左伝』で、同書には魍魎と書いている。漢の代の『准南子』に「魍魎状如㆓三歳小児㆒赤黒色、赤目長耳、美髪云々」と。

二

わが国に伝えられる河童の説明や絵画は、各地毎に多少異なっているのは、河童に種類が多いためか、または記述者、伝説者の誤謬に出でるのかは判然しないけれど、種類もあり誤謬もあるものと想像される。いま各地で伝えられている河童の体制や習性について、著者が頭脳のなかに構成された河童の様子《ようす》を書いてみよう。

体躯はふつうの猿くらいで、頭上が皿のごとくに窪んでいて、その周囲にまばらで硬い毛髪が二寸内外の長さに生えて耳の上へ垂れており、眼丸く口吻大きくしてとがり、鋭い牙があり、皮膚は滑《なめ》らかで腥《なまぐ》さく、手足に蟇《ひき》のごとき水掻きがあるも、概観して裸体の小児のごとき体相を有しおり。水中を遊泳したり水底を這い歩き、陸上にては直立して歩行することも巧みである。

河　童

また両生類のごとくに水中でも陸上でも呼吸ができ、淡水にも海水にも棲み、食物は魚貝、野菜、瓜類を嗜食《ししょく》し、狐狸のごとくに人を蠱惑《こわく》し、時としては婦女子を犯し、体躯不似合に力があって、大人に相撲を挑むこともあり、頭の皿の中の水がなくなるとがぜん力が弱くなる不思議な動物であり、また人を捉えて水中に引き込み、肛門から手を差し入れて生胆《いきぎも》を取って食うこともある。

右は、各地各人の伝うるところの記録や口碑にもとづいて構成した河童の概観であるが、河童の皮膚の色については、各地にだいぶの相違がある。

われらは蟇《ひき》のように黒褐色であると考えているけれど、北豊前の方では海月《くらげ》または白魚のように、水中にあるものは透明で形が見えないと言っており、『本朝食鑑』には河童は青黄色で皮膚は蟇のようにザラザラしていると言っており、常陸の方の海村では、真っ黒くして背に頑丈な甲羅があると言い、筑後河の流域地方では、褐色で総身に毛があると言い、陸中地方にては河童の顔は朱のごとくに赤いと珍しいことを言っている。

顔が朱のようであると言うのはいかにも誤謬らしい。これは河童は猿の一種であるという地方があるので、猿のごとく面《かお》が赤いという非実見の巷説を生んだのではあるまいか。『本草記聞』にも頭赤きもありとある。

また河童を猿猴と呼んでいる地方はかなり範囲が広い。石見から長門備後安芸にかけてはその呼称が多い。

河童の呼称くらいに各地さまざまである動物は他にない。

いちばんふつうなのが川太郎、カッパ、カハコ、などである。越中では「ガメ」と言い、美作方面ではゴンガメと呼んでいる。河童に甲羅があるという説と、ないという説とあるが、ガメと言い、ゴンガメと言う上は、その地方の河童は甲羅があるのであろう。

日向薩摩のほうでは水神という敬称をもって呼ばれているが、これは水中の妖怪的威力に対する呼び名であるのだ。

北海道の南部の松前あたりでは駒引《こまひ》きと言う雅名をもっているが、これは河童がよく河岸で馬の口綱を取って水中へ引き込もうとするところから付けた呼称である。

また九州の中央部では、河童は冬季には山に籠っているものと信じ、所によってはこれを山童《やまわろ》と称し、また所によっては夜分に雨の降るときなどに数十または数百と群をなして怪声を発して啼きながら山に移ると言うておるが、これは渡り鳥を誤認したものであることは明らかであるが、紀州熊野あたりでも河童は冬山に入ってカシャンボと呼ばるる怪物となるという伝説がある。

柳田國男氏の『山島民譚集』に南方熊楠氏の報告が載せてあるが、それによると、カシャンボは六、七歳の小児の形で、頭は芥子《からし》坊主、青衣、姿は愛らしいが、なかなかのいたずら好きである。紀伊東牟婁郡高田村に高田権頭《ごんのかみ》、檜杖冠者などと言う旧家があり、このなかのある家で毎年の秋、河童が新宮川を上って挨拶に来る。姿は見えぬが、一疋来るごとに、一つの小石を投げ込みて到着を報じ、それより山林に入って、カシャンボとなる。このもの牛馬の害をなすこと多く、山につなぐ馬を隠し、これを発見するも馬苦悩はなはだし。また水辺より夜出でて牛小屋を襲い、涎のごとき物を吐いて、牛の身にぬりつけ、これを苦しませる、ためしに小屋の戸口に灰を撒《ま》き置けば、水鳥のごとき足趾《あしあと》一面にその上に残る。

三河あたりでも、河童が馬の尾に取りついて歩くというような伝説があるところをみると、河童は、牛馬に接近する動物たるものとみえる。河童が馬を水中に引き込みかけた話は各地にある。

三

河童の説明を現代人に求むることは、ほとんどまったく絶望的であるほどに、現代では各地とも河童の出現がないが、なにゆえに現代文化の前にはすみやかにその影を絶ったかというと、河童は本来、妖怪的動物であるというわけにもなる。すなわち、彼が現代の博物書や動物学書に載らぬのも因縁なるものであろう。いま、古人の書いた記録中から河童に関する物を少し左に移載する。

河太郎と相撲とりたる人、正気を失ひ病せば、シキミの木の皮を剥ぎて抹香とし水にか

きまぜて飲すれば忽ち正気となり本復す。（大和本草付録）

胡瓜《きゆうり》また甜瓜《まくわうり》を偸《ぬす》み食い、牛馬を盗み出して乗る、その牛馬は用に立たず、またよく婦女を魅して姦す、まま嫁を失える女子あり、また人を水中に引入れて肛門より手を入れて肝を取ると言ふ、また猿猴《えんこう》と呼ぶ、手の肱左右に通りぬけて滑らかなるより言へり云々。

『和漢三才図会』にも手肱のことを是と同く書て居る。（和訓栞）

手の肱《ひじ》左右に通りぬけるということは少しく語意不明であるが、多分、肩を通じて手が左右いずれへでも伸縮自在という意味らしい。これは俗間の絵に、猿猴の水月を取るところがあって、樹上から猿が手をつなぎあって水面へおり、月影を掬《す》くっておる一方の手が、途方も長く書いてある滑稽な図がある。河童をエンコウと言うところから、肱骨が左右に連絡するという俗説を生んだのであろう。

あるいはまた、寛永年中に豊前にて捕獲された河童の写生画を『均庭雑録』に載せておるところによると、河童の両手の肱に穴があいている。このことを言い誤って「手の肱左右に通り抜け」と言う文句を生むに至ったのではなかろうか。

怪をなすも狐狸とは自ら異る。正しく聞ける一、二を言はば、畠の茄子に一つ毎に歯形三、四枚づつ残らず付けたりしとありて、その畠主より聞きたり。仇を為すこと執念ことさらに深くして、筑紫方の人、江戸に来りても尚怪ありしを聞きたり、彼の写生の形を見しに、背腹ともに亀の甲の如きものありて手足首の容子亀にいとよく似たり。世人のスッポンの年経たるものの成れりと云うも宜《むべ》なり。（三養雑記）

性相撲を好み、人を水中に引入んとす、あるいは怪を為して婦女を姦す、その殃《わざは》ひを避けるには猿を飼ふに若《し》かずとなむ。九州にて川を渉る人詠吟する歌に「古への約束せしを忘るなよ川だち男氏は菅原」これを吟ずれば河童近寄ることなし。（物類称呼）

肥前の島原の社司某語って曰ふ。彼の国に河太郎多くあり、年に一両度必ず人を取りて精血を吸いて後、骸を返へす。如何なるものの諭《さ》としなるらむ、彼の亡屍を棺に入れず、葬らず、ただ板の上にのせ、草庵を結びて取入れ、必ずしも香花を供えず置けば、此屍の朽る間に、彼の人を捕りし川太郎の身体爛壊して自ら斃る。

川太郎身の爛壊する間、彼の死骸を置く舎《いへ》のほとりを悲しみ泣き繞《めぐ》る。人その形を見ず、ただ声を聞くとなむ。若《も》し過ちて香花を供えしむれば、川太郎彼の香花を取り食すれば、その身爛壊せずと云へり、棺に入れて葬ればこれも斃るるに及ばずと、多力にして姦悪の水獣なり。（閑窓自語）

寛永年中豊後の日田にて捕えし河童の図は鍋島摂津守方の原本にあり、これより移載す。

（均庭雑録）

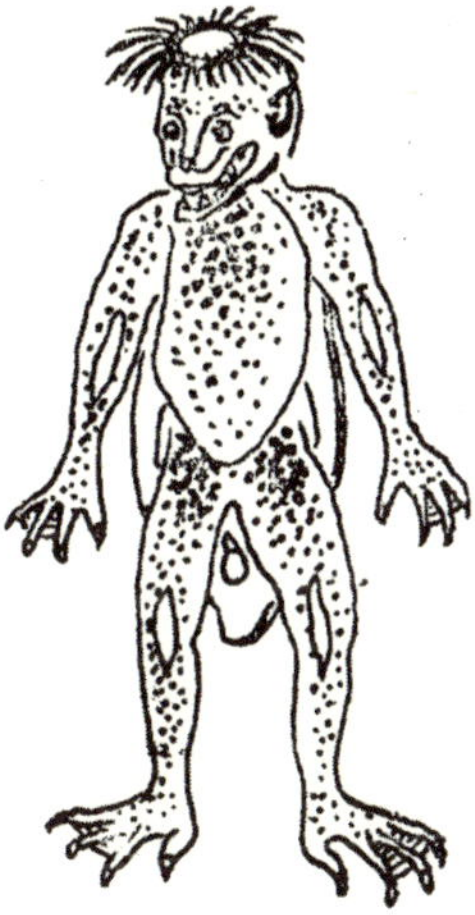

総体淡墨藍の隈どり頭髪疎にして赤石色、眼赤と蘇黄のくま、腹赤墨しわうのくま、鼻尖り赤石（均庭雑録）

頭の皿に蓋あり。蛤などの如く、打かぶりて深さ一寸計り、歯は亀の如く奥歯上下四枚尖り歯なり。背は亀の如し。脇腹に柔かなる立筋あり、此所を執《とら》へ候へば働くこと為り難し。手足縮め候へば亀の如く甲の内へ入る。手足の節《ふし》裏返へしにも前にも自由に曲る。尾は亀の如く一寸四五分の尖り尾なり、生臭きこと甚しとあり。按ずるに、『本草啓蒙』に諸州にこれあり、濃州及び筑後柳川辺尤も多し、体粘滑にして捕え難し、女青藤葉《くそかずら》を手に絡《まと》へば捕へ易し。性好んで胡瓜及乾柿を食ふ、乾柿三ツを食えば酔ふといへり。麻稭《あさがら》及その炭を忌み、蜀黍糕《きびもち》を悪む。若し人、口に鉄物《かなもの》を咬へ居れば水に引入ること能はずなど云へり。三歳ほどの小児の如しとなん。『大和本草』には五、六歳の小児ほどと云へり。

また云ふ、人と角力《すもう》をとることを好み、人に勝つこと能はずして水に没して見えずなれば、その人忽ち恍惚として夢の如く、家に帰りて病㆓寒熱㆒遍身疼痛す。爪にて抓《つね》りたる痕あり。また人家に往々妖を為すこと狐妖よりも甚だしと見えたり。俗書には、遍身蟇の疣《いぼ》だちたる描けり。これをカッパと云ふは、江戸の人、胡瓜《きうり》をカッパと云ひ、胡瓜を河童が好むに依る也。（中略）天明元年の頃、八月仙台河岸伊達侯の蔵屋敷にて、河童を打殺し塩漬にしたるを、面前見たる者語りけるとて、図を持来る人あり。その子細を尋るに、右屋敷にて小児故なく溺死せしにより、怪みて右の堀の内淵を堰《せき》とめて水をかへ干たるに、泥を潜ること風の如く早き物あり、漸々《やうやう》鉄砲にて打留し由云々。傍人云ふ、昔河童の図とて見しに今此図と少も違わず云々。

対馬に河太郎あり、浪よけの石塘に集り群を為すに、亀の石上に出て甲を曝《さら》すが如し。その長二尺余にして人に似たり。老少ありて白髪もあり、髪を被りたるもまた逆さまに天を衝くもありとぞ。人を見れば皆海に没す。常に人に憑《つ》くこと、狐の人につくと同じく国人の患を為すと云ふ。予若年の頃、江戸にて捕へたりと云う図を見たり（図省く但し前項所掲と等し――著者注）これは享保中、本所須奈村の芦葦の中、沼田の間に子を育てゐしを村人見つけて追ひ出し、その子を捕へし時の図なり云々。（甲子夜話）

予も先年領邑（肥前平戸）の境村にて、この手と云ふ物を見たり。甚だ猿の掌に似て、指の節四ツありしと覚ゆ。この物は亀の類にして猿を合わせたるものなり。立て歩むことありと云ふ。また鴨を捕るを業とする者の言ふを聞くに、水沢の辺に窺い居て見るに、水辺を歩して魚貝を取り食ふと、また時として水汀を見るに小児の如しと。また漁者の言には、稀には網に入ることとあり。漁人はこの物網に入れば漁猟無しとて殊に嫌ふことにて、入れば乃ち放捨つ。網に入て揚げるときはその形、一円石《えんせき》の如し。是は蔵六の体なればなり。水に投ずれば四足頭尾を出して水中を行去ると云々。（同上）

中川家の領地は豊後国岡と云ふ所なり。その地の川太郎処女に淫すること時々なり。その家の娘いつとなく煩いつつ、健忘のようになり臥床につく。これは川太郎に憑れたり力無しとて親族顧みず。川太郎に憑かるるときは誠に医療術無し、死に至ることなりと云へり。川太郎時々女の所へ来る。人の目には見えざれど、病人言語喜笑する体にて知らるる也、親子列席にては甚だ尾籠《びらう》言ふ可らざるもの也と言えり。かやうなること家毎にある時川太郎を駆ることあり、その法蚯蚓《みみず》を日に乾し固めて灯芯に為し、油にて点火し、その下に婦人を坐せしめ置けば川太郎必ず形を現はす、それを打殺すなりと云ふ。川太郎夜陰水辺にて相撲とることは常のこと也と云へり。（譚海）

古人の記述は玉石混淆、ことにその中には信じ難きものもあり、また精神的地方病であるらしいのもあるが、古人は正直にて見聞のままを記してくれたのは、かえってありがたい所以でもある。

現代の事例

前記諸項の河童の記述は、すべて明治以前の材料によるものであって、詳細なものはあっても、いささかたよりない感じがあるが、著者はみずから石見国において得た明治以後の材料を左に記《か》こう。

農夫の実見

安濃郡大田町の農春日徳次郎（今は故人）は、数度同地の大田川字樋の上の岸で実見した。幅約十間ある川の堤防から対岸にいるのを見るのに、二尺ばかりの猿に似ておった。その出ておる場所はいつも定っており、竹藪の下に岸がくれ込んでいて、その下は深淵になっているが、その真上の柳の木の根元に坐っておるのであったという。徳次郎は自分一人で見たのではなく、おりには連れがあって、その人にも指示して見せたという。これは明治十六、七年頃のことであった。

滝に住む河童

明治二十二、三年の頃、同郡刺鹿《さつか》村大字猪谷の奥の清滝を見物に行った大田町の某も河童を見たという。滝へ近づくと、滝の前面にある大岩の上に、一見猿のごときものがいたが、人の近づくのを見て、身を躍らせて岩下の滝壺の深潭中に投入したという。この地方も河童のことを猿猴《えんこう》と呼んでいる。前記の春日徳次郎の見たという場所から約半里余りの下流の土江の竹藪にも、河童がおって人をばかすとて、明治二十一、二年頃には、日が暮れると婦女子はひとり歩きをしなかった。

河童の子を捕る

約三十年前に、右の刺鹿村から一里ばかりの北の字大津で、ある農家の主人が、朝早く波根《はね》湖《こ》の水涯に据えてある水車を踏みに行ったところ、前日から仕掛けてあったその水車の台の下に、淡黒い大きな蟇《ひきがえる》のような奇怪な動物が三疋這《は》いこんでいたので、捕らえて不思議がって眺めているところ、通りがかりの人が見て、それは河童の児であると言ったので、農夫は後難を恐れて水中に放ったら、ことごとく深みへ逃げて行った。たぶんこの時、河童の親が子供を連れて出て、水車の下で遊んでいたところへ、農夫が来たので、親ばかりいちはやく逃げ去り、子は残っていたのであろうと想像された。

またその頃、大津の隣接地たる柳瀬《やなせ》という海岸の漁村で、海の漁網にかかって一疋の河童が捕れたが、同地方では河童が来ると魚を寄せるという伝説があるので、殺さずに酒を飲まして海に放ったそうだ。

肥前のほうでは反対に、河童が来ると海の魚が逃げて漁がない、という伝説があるので、同地の海村では河童を悪《にく》んでおるということも面白い。

猿、河童を捕う

明治初年、邑智郡の川本村と吾郷村との間の地点にて、一人の猿廻しが、江川《ごうのがわ》の岸で休憩をしていると、猿がとつぜん勢い猛く河中に飛び込み、水沫を立てて水中に潜り入ると、やがて一疋の河童を捕ってあがって来た。その河童は村民の一人に与えられたが、後に殺さずに戒めて水中に放たれたという。

河童は猿と仇敵の間柄であるとの説がある。『笈埃随筆』に、河童、猿を見れば動く能《あた》わず、猿も河童を見れば捕えずにはおかぬ、ゆえに猿曳きの河を渉る時は、猿の顔を包むという。また地方によっては、厠に猿を飼って牛馬の災を払うと言い伝える所があるが、猿と河童との関係によるのであろう。

馬に捕えらる

邇摩《にま》郡静間村を貫流する静間川の下流に、神田《かんだ》の淵《ふち》というがあった。現今ではおおいに浅くなったけれど、明治初年頃までは見るも恐ろしい淵で、水が藍《あい》をたたえ、渦を捲《ま》いており、古来多くの村民が溺死したところで、村民は、そこには河童の統領が栖《す》まっていると言い伝えていた。

ある時、神田の淵からほど近い所の釜屋という農家の馬が、長い口綱を引《ひ》きずりながら、静間川の河原へ出て草を食っていたところ、河童が出て来て、馬の綱をグルグルと自分の躯《からだ》に捲《ま》きつけた。むろん、これは馬を水中に引き込む考えであったらしい。

馬は驚いて河原からわが屋へと走り出したところ、河童は綱から脱走することができず、馬に引きずられて釜屋の庭へ来たのを人々に生け捕りにされた。

釜屋では河童を数日間、檻に繋いで人々に曝らし大評判になったが、毎夜、河童が釜屋の主人の夢枕に立って助命を哀願するので、後にこれを放ち去らしめた。

河童が馬を牽きそこねて人に捕えられ、種々の条件付きで助命された昔話は各地にある。

怪しの手紙

明治の中年のことである。安濃郡鳥井村の喜三郎という魚商人が、ある日、出雲国境なる邑智郡の奥へ行って、夕方帰途につき、小原村の江川《ごうのがわ》岸を通るとき、後からモシモシと呼びとめる者があった。

喜三郎は何者かと振りかえって見ると、手拭を眉深にかぶった女が追いついて来て、なれなれしげな口調で、おまえさんは大田を通って帰るのか、静間を通って帰るのかと問うたので、自分は静間を通って帰るのだが、なにか用事でもあるのかと言ったら、静間を通られるなら頼みがある、この手紙を神田の淵へ投げ込んで下さい、とて一通の紙片の無雑作に折り畳んだのを托して引き返して行った。

それから喜三郎は、安濃郡川合村の町の入り口の岩谷屋という又六屋へ立ち寄り、腰掛けで酒を一本注文して飲みながら、主人にむかい、先刻小原でかくかくのことがあったと、女のたのみのことを語り、いったい淵へ手紙を投げるということは何のためだろうと言ったので、主人が不思議がり、静間川の神田の淵は河童の栖家《すみか》だというではないか、そいつぁ変だ、その手紙を見せよと言った。

そこで手紙を出して見てもらうと、人間の文字ではなく、蚯蚓《みみず》ののたくった痕《あと》のようなものが書いてあったので、これこのとおりだ、手拭被《かぶ》きの女は江川の河童の化けで、おまえを殺《と》るようにとて、神田の淵へ合図をするのに違いはないぞと言った。

喜三郎ははじめて気がついて震えあがり、酒の酔いも一時にさめて、この手紙はどうするがよいだろうか、と亭主に相談をかけた。

亭主は、それは焼いてしまうがよいとて、すぐに火にかけた。

喜三郎は、川合から道を変えて大田長久《ながひさ》の二村をへて自村へ帰り、当分二、三ヶ月は、用事があっても、静間川の方面には避けて行かなかった。

古人の記述

文政初年のこと、江戸の神田小川町なる旗本・室賀山城守の中間某が、ある夜、九段の弁慶堀の端を通るとき、雨が降って闇《くら》くあったが、何ものか堀の水面から、某の名を呼びかけるので、見ると、闇夜なるにもかかわらず、一人の小児が上半身を浮かしておって、手招きをするのが視える。

某はそれを見て、近辺の子供が誤って堀に落ちこんでいるのだろうと思って、水際《みずぎわ》におり、手を差し出してやったら、小児が、それに取りついたので、引きあげようとしたが、その重きこと磐石のごとく少しも動かないのみでなく、かえって水中に引き込まれ出した。

彼はおおいに驚き、妖怪なるべしと気づき、死力を尽くして引きあい、ようやくのことに、その手を抜き取り、息絶えだえに駆《かけ》って山城守邸に帰着し、茫然自失の態《てい》であったから、人々が騒ぎ出して集って見ると、その全身は水に濡れており、しかも非常に腥《なまぐさ》い臭いがするので、体を洗わしめたが、腥臭は容易に脱去しなかった。

彼は、その夜は疲労をきわめ、精神も朦朧たるもののごとくで、翌日にようやく正気づき、くわしく前夜の怪異を語ることができたというが、右の水怪は河童であることはまちがいのないことである。(甲子夜話)

文政年間に越後国の上杉六郎という人の話に、同国蒲原郡の保内という所の河にて夏の日、村の者が数人、水泳をやっていると、一人の男が河童に足を捉えられて深みへ引き込まれだした。その男は、大声にて助けを呼び、河童に引かれるぅと叫んだところ、河童と聞いたので他の者は恐れてことごとく岸に逃げあがって、一人も助けようとするものがなかった。

彼は足を引かれるので、死力を尽して泳ぎあがろうとするけれども、追々に引き込まれていくのだが、不思議なことには、河水が粘《ね》ばって、手足が働かぬようになり、すでに危うくなったので、一心に氏神の八幡宮を念じたところ、いずこともなく空中から『その水に噛《か》じりつくのだ』という声が二度ほど聞えたので、そのごとくにしたら、水の粘ばるのが止《や》んで、身も軽くなり、渚に泳ぎ着くことができたというが、水を粘ばらせるということも奇怪、その水に噛じりつくと粘ばりがやむのもまた奇怪だ云々と語ったということであるが、いかにもわからぬ奇怪事である。(平田篤胤手記)

熊本八代のあたりに川童多し。然《しか》れども所の人に害を為さずといへり。昔加藤清正国守たりしとき、児小姓一人川童の為に水中に入れらる。清正大に怒り、国中の川童を残らず亡すべしと。先ず他所へ退けざる様に許多の貴僧高僧を集めて是を封ぜしめ、川上より毒薬を流し数千の焼石を淵へ投入れ、また猿を多く集むべしとの下知なり。川童に湯を浴びせれば大に力を落すもの也。猿は川童を見ると力を増し、川童は猿を見ると立ちすくみになるなり。強勢の清正連《しき》りに下知あれば、国中の川童どもただ酔えるが如し。川童九千の頭を九千坊と云へり、大に悲み、僧にたのみ深く嘆きければ漸く赦されけり。因りて所の人に害を為さず、以来旅の人は害ありと云へり。（本朝俗諺誌）

享和辛酉六月一日、水戸浦より上り候河童大さ三尺五寸余、重さ十二貫目有之《これあり》候。殊の外、形よりも重く御座候。海中に赤児の鳴声夥しく致し候間、漁夫ども船に乗り漕廻り候へば、海の底に御座候故、網を下し候へば色々の声仕候、それよりさし網を引廻はし候へば、鰯網《いはしあみ》の内へ十四、五疋入候て、躍出し逃げ申候。船頭ども棒櫂にて打候へば、粘り附き一向に櫂などきき不レ申候。その内一疋船の中へ飛込候故、蓬など押かけその上よりたたき打殺し申候。その節まで矢張り赤子の啼声致候。打殺し候節、屁をこき申候。誠に堪へがたき臭ひにて、船頭など後に煩い申候。打候棒櫂など青臭き臭ひいまだ去り不申《もうさず》候。尻の穴三つ有之、総体骨なき様に相見え申候。屁《へ》の音は致さず、スウスウと計り申候。打候へば、首は胴の中へ八分ほど入申候。胸肩張出し背むしの如くに御座候。死候ても首引込み申さず候。当地にて度々捕り候へども、此度ほど大きなる重きは只今迄上り不申《もうさず》候。六月五日、東浜、権平次、浦山金平様。（一言一話）

寛政のはじめ、芸州山縣郡羽生村庄屋六左衛門が家に一士来る。その者、形《かたち》人に違ふことなくして腥《なまぐさ》し。そのもの曰く、我は森源左衛門と申すものにて、此川に年久しく住み候へしが、近頃の洪水に淵中の岩に光りあるもの流れ来り、石の間にはさまりしを、眷属ども大に恐れ候へば何卒、人をして此物を取除け給はれかしと云ふ。

六左衛門大に驚き、さては汝は川童なるや、さらばその願承《う》けごう可《べ》きかは、汝をはじめ一類を召捕り一郷の害を除くべしと怒りければ、此者云ふよう、御怒りは甚だ謂はれ無し、我等が境涯人間と異ることなし、非義の振舞を禁ずるが故に人を害すること決して候はず、何卒右の害を除き給はれかしと只管《ひたすら》願ひければ、さらば望に委すべしとて水泳の者淵に入れて見せしむるに、鋤《すき》の鋒《ほ》石に挟まれたるを取りて帰れり。

翌日源左衛門礼に来り卵六つ差置て帰る。六左衛門怪みて捨てたり。その後また三つ持来り、先の卵服《ふく》し玉へるにやと云ふ。六左衛門実を以て答ふ。源左衛門曰く、さてさて惜きことかな、これはコクと云ふ鳥の卵にて甚だ得難きもの也、此度は疾《と》く食し給へ、甚だ奇功あるものなりと云ふ。六左衛門やがて服しければ、胸腹の間涼しく神気明かにして身健かなるを覚ゆと云へり。此事或る公に申し上げれば、コクといへる鳥いろいろと尋ねさせ給ひけれども、知る人無かりしとかや。

此源左衛門大小刀を帯せりとかや。眷属は三百計りある由語りしと也。その後しばしば来れども、その身臭気ある故に近づく事を厭い、竹縁に置きて物語せしと云へり。（中略）

播州の玉屑、川童の毛を有《も》てり、その色狐の毛の如くにして水に入るればその形見えず怪しきもの也。（ありのまゝ）

先年寛永の天草一揆退治了りて、有馬左衛門佐直純帰陣の時、彼の八左衛門と云ふもの名に聞えし有馬の蓮池を一見せんとて、その辺を歩行しければ、河童一疋前後も知らず昼寝してゐける処へ行きかかり、立寄りて抜打に致し候へば、手応へして刀にもノリ附く様に候へども其の形見えざりけり。

しばらくその辺を窺ひいけれども、彼が死骸無かりしかば、しばらくありて何やらん池の中へ踊入る音あり。去れども何物も見えず。斜日に及びければ、八左衛門は立帰り、またその翌日主人帰陣に付供仕り日州縣《あがた》の居城へ帰る。

斯くて寛永十五年の二月より同十七年の秋九月十四日の未の下刻に、彼の河童来りて八左衛門に向て申すやうは、三年前有馬にての疵ようやく頃日平癒す、依て遺恨を遂げん為めはるばると参りたり、急ぎ外へ出給へ、勝負を決せんと罵る。

八左衛門よくこそ来れりとて、刀を引提げ庭上に出切てかかる。受けつ開つなどする様子を見れば疑ふところなく乱心也と家人肝を冷し、八左衛門が裏向ひは百石小路と云ひ小身の面々の屋敷にてありけるが、人を遣はし、親類ども朋輩を呼寄せ、彼の為体《ていたらく》を見せけるに洵《まこと》に狂人に似たり。されどもまたさしてしどけなき事も無りけり。人々には河童の姿見えねば、助太刀もならざりけり。相互に戦疲れ、去らば今晩は相引にしてまた明日の事とて河童去りぬ。

八左衛門も刀を収め内へ入りけり。人々子細を尋ねければ、三年前蓮池のことを告げ、今度の河童の武器は梅のすたえの様なもの三尺計りも有るべきを持ちて闘ひけるが、そのすたえ膚《はだ》に当らば、如何なる痛のあるやらんも更に量《はか》り難し、第一彼れ斯る業をつまのきたること中々に言語に絶えたりと語りけり。右の河童八ツ頃に来りて酉の刻まで続いて三時ばかり激み合いしかども、双方互角の手きゝにて勝負は無りけり。

有馬直純聞き玉ひ、前代未聞なり見物すべし、と仰せ出され、翌日来臨あり、牀几《しょうぎ》にかゝり、召連れられたる諸士へ御申付には、河童縦《たと》へば形見えずとも、八左衛門と戦ひを始めば、その辺を取まきて逃得ぬやうにすべしとありければ、吾も吾もと待ちけり。斯《かか》るさまを憚りけん、その日は河童参らざりけり。その夜河童八左衛門が枕上に立ちて、年来の遺恨にて来りけれど、その方の主君入らせられたれば、最早我存分は遂げ難し。明日は肥前へ帰るべしとて立去りぬ、此義は豊後の永石其孝の話し也。（半日閑話）

名古屋の川合氏は強力の大男なりしが、寛暦三年七月三日の未明、老瀬川の辺りに独歩せしに、少男子立ちたり。柿色の帷子《かたびら》に黒き帯して頭は中ずりしたり。川合氏いづくへ行くぞと尤《とが》めたり。答へて梅の森より水車へ行くと云へり。梅の森は老瀬川の川上にあり。

川合氏傍を通りさきへ行きしかば、彼の小男子帯を取りて引寄せけり。川合氏振放して後ろを顧み、年頃人を悩めし川小僧め、生かし置くべきにあらねど今は殺生を禁断す、依て生命を助くと云へば川へ飛入りたり。川合氏堤《どて》にて煙草を吹いて居たり。また出でて近づきぬ、川合氏叱しぬれば、そこの如き強力の人には是まで出会ずと云ひてまた川に飛込みぬ。川合氏帰りがけに山岡氏に物語せしを、明和九年の七月予に語りぬ。(和訓栞)

昔、相模国金沢村の漁夫重右衛門という者の家に、水難疱瘡《ほうそう》の護りなるものが木箱に入れて、物入れの隅に押し込めてあったが、家族はそれを等閑に附していた。

すると享保元年五月の某夜、重右衛門の姉の夢に、一人の小児が現われ出《い》で、自分は、この家に年久しく祀られているものだけれど、誰もよく知るものがない、どうぞ自分のために、とくに一社を建ててくれよ、水難、疱瘡、麻疹《はしか》の守神となるであろうと言った。

その夢を奇怪に思い、翌日家の者や近所の者やで、彼の木箱を開けて見ると、顔は猿に似て四肢に水掻きあり、脳天の窪んだ怪物のミイラが封じ込んであったから、これに福太郎と名を与えて、邸の隅に一社を建て祀ったところ、霊験があるので評判になり、江戸に持ち出され、某侯の邸内にも臨時勧請されたら、その夜、福太郎が、某侯の夢に出でその希望を告げたので、後にその希望通り水神に祭られた。このことで南八丁堀二丁目の丸屋久七という商家の主人が施版《せはん》を受けて盛んに勧財をやったことがあった。(甲子夜話)

狐

解説

人や動物を魅惑する妖術ある獣の王と謂われる狐の怪異談を書く前に、この野獣の習性や智力の実例を述べる必要がある。

狐は動物学でいうおなじ科の犬や狼などに比して、その狡猾さがいちじるしく眼につくことは誰も認めるところである。しかるに狐が人や動物を魅惑する話は東洋に限っていて、西洋にはない。

東洋でも、狐を邪獣視する所としない所とがある。

邪獣視するはわが国や支那が主で、北満州やシベリア方面には狐は無数に生息していても、人をばかしたという話をほとんど聴かぬ。してみると狐が人をばかすというのは、迷信人種の偏見であるというようなことを今の学者肌の人は言っている。

動物園に飼われておる狐を見ると、まことに意気地のなさそうな、憫れむべき小獣の状態があらわれている。与えられた肉の片《きれ》を咬《くわ》えて、どこへ隠そうかとして、キョトキョトした面容で、檻の隅々を捜し廻り、ついにその肉片を石甃《いしだたき》の上へ落として、土か落葉でも掻き寄せる肢つきをして、それで気が落ちついたらしい光景を見せたおりには、かわいそうで暗然としたことがある。

「こんな罪のない獣に対し、昔の人間は迷信が強いために、狐は誑かす妖獣だとて恐れたものです」などと、よく動物園主事談などの題下に新聞や雑誌が書いているのを見うけると、動物園の管理者などというものもあんがい頭脳が粗末であるのが窺われる。

檻の中に捕らえられて、自由奔放な野性的精力を封鎖され、剥奪された狐の挙動のみを見て、山野の自由の天地に、自由の生を営む狐の驚嘆的な狡智や、強烈なその動物磁気性の放射作用を無視することは、ばかばかしい観察である。かかる思想の持主は、生物心理の説明をする資格はない。

また狐は人をばかす悪獣だと云っても、すべての狐が皆そうだと思うと、大きいまちがいができる。狐にかぎらず、狸もそのとおりである。現に人間でも猿でも犬でも馬でも、すべての生物はことごとく賢愚善悪強弱等の差別がある。

狐を邪悪陰険な野獣と考えているものが、たまたまに淳朴な狐でも取り扱うと、その経験にもとづき、たちまち狐憑きや狐の化かすものだという説を迷信にしてしまうのだ。

人間を悩ます狐は、狐の老獪なのにかぎっていて、数字の上から比例をとるなら、十疋に二、三疋のものである。

なにゆえに狐の性習上の差別が生ずるかと考えてみると、おおむね産地の風土に原因するもののごとくである。

北満州、シベリア、アラスカ地方の狐が、人をばかそうとしないのは、その術を知らぬのか、知っていても実行しないのか、その一であろうが、察するところ前者であろう。なぜかと云えば、人煙希薄の地は、野獣でも野禽でも概して性質がよい。それは人に揉まれぬためである。雀や鴉のごとく狡猾で敏捷な鳥は深山には住まぬ。無人島の信天翁《あほうどり》やカモメは、人の恐るべきを知らぬ。狡智の人間の多い土地の狐はそれだけ悪智が多い。また食物の多否も狐の習性を左右するものだ。

むかし松前藩の人の書いたものに、寛政前には、北海道の狐は人をばかすことを知らなかったのに、寛政後からはボツボツ人をばかし出した、それは北辺騒擾のため、本州の各地から警備隊が渡って来て、それに伴う商人などが広く土人部落と交通するようになってから、狐が内地人の気風に感染したものと見える云々とあったが、これは正論である。

しからば、日本や支那の狐が人をばかすのは、日本人や支那人の悪辣がこれを養成したということになり、ヨーロッパの狐の人をばかさぬのは、欧洲人の正直なためかというと、そうばかりも言えない。欧洲の狐は元から人をばかすような狐ではないのであろう。

要するに生物は産地によって習性も生理もちがう。公平に言えば、東洋の狐は人をばかす素地のある狐というべきであろう。

猿廻しの使う猿は、山口県産のがいちばんで、次が四国猿だという。またアメリカや欧洲産の鷹は、人が飼いたてて鳥を捕らすに、日本や朝鮮、沿海洲の鷹のごとき技倆が見られぬという。生物が産地に依って性習の違うのはこれでもわかる。

欧洲やシベリアで狐が人をばかすことを聞かぬという事実を根拠にして、狐が人をばかすと信ずる者は愚人なり、という説を唱えるのは西人崇拝の偏見者である。

動物を魅惑した実例

鶏をばかす

但馬国八鹿《ようか》在の伊藤という人の実話に、ある日の夕方、屋後の桑畑に放し飼いしてあった鶏群に大叫喚が起って四方へ飛び散ったので、縁先へ出て見ると、雄鶏《おんどり》が一羽、権兵衛の種蒔き足どりよろしくで、黙々としてむこうの竹藪のほうへ歩み寄るのだ。

見ると、藪の下の木陰に一疋の狐が後肢《うしろあし》で立っていて、前肢《まえあし》でおいでおいでをするようなふうをしているではないか。奴の細工だと見るや憎さがこみあがり、発声して狐へ突進したら狐は逃げ去ったが、同時に雄鶏は悲鳴をあげて家のほうへ駈けもどった。雄鶏は今までは狐の暗示にかかって、逃げたくても意思も体も利《き》かなかったのである。

また信州下伊那郡の某の話に、台所の土間の上に竹をかけ、これを鶏のとやにして、毎晩それへ上らせて寝させていたが、狐が夜になって台所の戸際へ来ると、かならず鶏が啼き騒ぐのがつねであった。鶏はどうして狐がきたのを知るのかはわからぬ。むろん家の人々には狐の来たのがわからぬのだ。

ある夜、例によって鶏群がいっせいに騒ぎだしたので、台所へ出て、裏の戸を半分ばかりあけて見たところ、外は真暗闇《まつくらやみ》でなにも見えなかったが、戸をあけると同時に、一羽の雌鶏《めんどり》が内から飛び出て、外の暗闇《くらやみ》へ消えた。提灯などをさげ、呼んで捜したけれど、どこへどうしたかついに見失った。たぶん狐に魅《み》いられていたので、外へ出て咬えられたものと想像するのほかはなかった。

馬をなぶる

明治初年のこと、松江市の母衣町に鈴木岡右衛門という人があって、門の横に厩《うまや》をもうけて馬を飼っていたところ、ある夜、馬がしきりにはね跳《おど》るようで厩《うまや》が騒々しいから、台所へ行って小窓からのぞいて見ると、月夜であったが、一疋の狐が厩の後の高塀の上にいて、後肢《うしろあし》を揃えて後ろへ蹴刎《けは》ねて見せると、その影が厩の高窓の障子に映る。すると、馬が狐のするとおりに後肢で厩の板壁を蹴るのが手に取るごとくに見えた。狐は馬に催眠術でもかけたらしいといわねばならぬ。

烏をなぶる

甲子夜話の記述に、江戸の根岸の某士の邸内へ、上野の山から一疋の古狐が毎度出るうちに、その家の人に馴《な》れてしまい、食物を与えられ、ついには家畜のようになっていたが、この狐はよく人を誑《たぶ》らかし、また庭木の梢や屋上に来る烏《からす》をも誑《たぶ》らかした。

奴が烏のとまった木の根元を二、三度まわると、烏は魔法をかけられてしまって飛び立てなくなる。狐が頭を揺《ゆ》るかすと烏も頭を揺《ゆ》るかし、狐が足をあげると烏も足をあげる、すべて狐のなすがままに真似させられて、人々の一笑を博することが毎度あったそうだ。

大鷹をからかう

狐はいたずら好きである。明治前のこと、著者の祖父が、蒼鷹《おおたか》とて鷹の中にて最も大なるのを藩主から預かって一疋飼うていたが、この蒼鷹は隼《はやぶさ》ほどに慧敏で鋭くないけれど、その巨体たるために鶴や兎を掴《つか》み、時としては狐にでも打ちかかるほどの猛禽である。

祖父は秋のなかば過ぎに、雁鴨など渡り鳥が多くなると、朝蒐《あさがけ》のために、未明に腕に鷹を据えて野山へ出るのであるが、山路《やまみち》のまだ暗い時などに、狐が鷹をせかすために、鷹の身辺近くへ出て来て、路傍の草木をガサガサと揺すぶると、鷹は怒って飛びかかろうとしてしきりに羽叩《はばた》きをやるが、足緒《へお》を握られているので飛びかかりえぬ。狐はそれを面白そうに、やたらに鷹をじらしてついて来たそうだ。

またある日の白昼、庭続きの梨の木の下にある鷹小屋の中がなんとなく騒々しいので、祖母が庭へ下りかけて様子を見ると、一疋の老狐が裏の竹藪のほうから桑畑を経て来て、小屋の窓際へ立って顔を出してからかって慰さんでいた。鷹は憤怒して、爪をむいて飛びかかろうとするけれど、その足緒のために、とまり木の外へは飛びかねて、無駄な羽叩きを続けるばかりであったと祖母が話した。

少年と競走

明治前、家翁年少の折り、毎日未明に仲間二、三人と一緒に槍術の道場へ稽古に行くのであったが、途中、御勘定所の裏町を通り、そこの某邸の前へ来ると、かならず高塀の上へ一疋の狐があらわれて、下を通る少年輩と並行して行くのが常であったが、そこを通る時、まず「出んか出んか」と声を揃えて呼びかけると、待っていたと言わんばかりにヒョコリと狐が飛び上って現われ、少年が走ると狐も走り、後方へ駈けもどってみせると狐も駈けもどり、双方じゃらけあったという。

知能の実例

家畜中でいちばん頭脳がよいという犬が、教育されても応用の才はほとんどみられぬが、狐は人が教えずして、驚くべき才智ある挙動をなすほどに頭脳がよい。

隠し銃を知る

ある書に、蘇格蘭の猟夫の談があった。曰く、積雪の夕、家の前の空き地の物置小屋の前へ、一片の牛肉を縄に結び下げて置き、その縄の一端は、七、八寸の積雪の下にて地面をはわせて居宅の内へ引き込み、設けの銃の引き金に取りつけられた。果然その夜に狐が来たけれど、用心深い彼は周囲の状況を観察して、牛肉に危険な機構の施されたのを知ったとみえ、肉と人家の連絡線と直角の方向から積雪を掻《か》き除いて縄を露出させ、巧みにそれを噛み切って、難なく牛肉を奪取して逃げたのには感心させられた云々。

わが国にもちょっとこれに同じい狐の智恵話がある。左に記そう。

ワナを外す

江戸時代の後期に名高い絵師の谷文晁が、ある年の冬日、大伯父にあたる鳥取藩士の島田元旦の家へ止宿したところ、近頃同家の鶏を毎度狐が取りに来て困るとのことを聞き、それでは今夜、自分が工面をしてその狐を捕るべしとて、まず同家の厠《かわや》のあたりへ出て、鼠を油で煮て、高い臭いを立てさせ、次に庭に高くふりつもっている雪へ深く穴を掘り、その穴の口へ細引縄《ほそびきなわ》でワナを作り、その端を雪の下へ通して縁側の雨戸の中へ引きこみ、内で縄の端を持っていた。

夜更けてはたして一匹の狐が現われ出でたが、雪の穴の近くをやたらに駆けまわり、ちょうど酒宴の座興でやる狐釣りのごとくに、穴をのぞいたり体を引いたりして散々に動いた末、穴の中へ首を突っ込んだから、文晁はここぞと細引《ほそびき》を力まかせに曳きつけ、それから人々と共に庭へ飛び出してみたところ、狐は早くも逃げ失せて影もなかったが、穴の中を検《しら》べてみると、驚くべし、いつのまにか横から穴を掘って鼠は取ってあった。さては奴め、鼠を頂戴した後にあんな真似ごとをして人を欺いたかと、いずれも狐の智恵に舌を捲いたそうだ。

支柱石を刎《は》ねのける

わが家でかつて縁側の下を仕切り、表に竹の横桟《よこざん》を四、五本わたして、アヒルの寝所《ねや》にしていたところ、一夜狐が来襲して、竹桟の間を無理にこじあけ、一羽のアヒルを奪い去ったので、次の日からは、竹桟の外部へ数本の五六石《いし》を立てかけて、堅固に防柵を構えた。

この五六石というのは、長さ二尺内外の五、六寸角の石材で重量は五、六貫ぐらいあるものであった。しかるにその夜、またも狐が来襲し、五六石を二本はねのけて、アヒルを騒がした。その重い石材をどうしてはねのけるかの疑問よりも、はねのけるのに少しも物音を立てないことが疑問になった。そこで若い叔父や叔母どもが、そのころ月夜であるのを幸いに、のぞき見をして、狐の所作を見届ける相談におよんだ。

日の暮れ前にアヒルが堀から帰って来たのをおさめて、例の石材を立て、庭へ鍵《かぎ》の手に出ている一室の雨戸をしめて、その節穴からのぞいて待っていた。

すると夜が少し更けて四隣が静かになった頃、奴が来て四方をうかがい、人気のないのを見きわめてから、縁側の下へ寄り、一本の支柱石を両の前肢《まえあし》で抱いた。而《しか》して仰向けに反《そ》って石材と共に倒れた。石材は狐の軟かい肉体を台にしてヤンワリと倒れるのだから、少しも音が立たないのであったそうな。

腕を噛み捨てる

著者の郷里の増田某の仕掛けた虎弾《とらはじ》きという鉄製の捕獣機に、狐が一本の前肢《まえあし》を挟《はさ》まれたことがあったが、奴ははさまれた肢を喰い切って生命を持って逃げ出した。こんな分別は他の獣類には決してない。犬なんかなら、キャンキャン啼《な》いてばかりいる。

また、狐は猟犬に追いつめられた場合に、草中へ飛び込んで犬をこれに導き、自己は巧みに横へまわり、もと来た方向へ逸去して犬をまく技倆は、他獣のおよぶところではない。

西洋の猟犬には、智能の優れたのがあるけれど、犬の智能は正則の智能で、狐のように変通自在の奸智ではない。

逃げ道の準備

徳川時代のこと。肥前平戸藩の桜馬場という士《さむらい》屋敷の邸内で、ある夜、狐が火を燭《とも》して遊んでいるところを、青年たちに包囲されたが、狐は人の肩の上を飛びこして逃げ去る時に、口から大きな骨片を落としていった。（狐が古骨を咬《くわ》えて火を燭すことは支那人も昔から認めている。狐の呼息の内の酸素と、骨の燐との作用で火光を発するらしい）。

青年たちは、いずれ後刻、奴が骨を取りに来るだろうから生け捕りにしようとて、骨片を坐敷に置き、障子を二、三寸あけてその蔭に待ち伏せしていると、はたしてやって来た。

最初は障子の外際《そとぎわ》で内を窺うようであったが、非常に静かに口吻《くちさき》で障子を押しひろげ、内へ侵入した。その時、左右から急に障子を閉《た》てかけたが、閾《しきい》に障って閉らないうちに、狐は骨を咬えて飛び逃げた。青年たちが口惜しがって閾を見ると、溝の中へ細い竹片が入れてあったので、唖然たること久しかったという。

人家を偵察する

石見国大田町小字中ゴヤの万兵衛という狐捕りの名人が、ある日の夕方、一里余の山奥なる長谷《ながたに》で、一疋の雌狐《めすぎつね》を銃で打ち取ってきたが、今夜は必ず雄狐が来るから、そいつも撃ってやるとて、日が暮れるとすぐに家族を寝させて、自分は銃を膝下に置き、燈火を消して静かに待っていた。家の裏には流れの強い河があって、その副堤防が上手《うわて》から庭へ接続しており、狐はこの副堤防から来るものと想像されていた。

この夜は月夜で、九時頃に予測どおりに狐が裏からやって来て、足音を殺して縁側にあがり、身を障子ぎわに寄せて家の動静をうかがう耳の影が、月の光で障子に映った。万兵衛はおかしさをこらえて銃を取り上げ、一発で頭蓋骨を打って獲《と》った。

徳川時代に、何藩かの家中でも、狐を獲ったら、その相手の女房狐だか亭主狐だかが縁側へうかがい寄っているのを知り、だしぬけに障子をあけて切り殺したことを、なにかの随筆書で読んだことがある。

右の万兵衛の家宅を雄狐がどうして知ったかが疑問だ。その家は雌狐の獲られた長谷《ながたに》からは、多くの人家のある屈折の多い河岸の郡道を一里も経ねばならず、ほかには道がなく、山もかさなっていて、長谷あたりの山の頂きからも見える所ではない箇所にあるのだ。白昼に万兵衛の跡をつけて行ったとも思えない。

直立歩行の稽古

これは狐の智能を説く当面の事例には縁遠いが、狐の習性の一班を語るの適例たる価値がある。それを記すにあたり、ちょっとひとこと前提がある。

現今、各地とも一般に狐狸は著しく減少したが、明治初年頃までは、全国の人里には実に多く住んでいて、今人《こんじん》の想像にあまるほど跋扈したものである。

著者の郷里は松江市であるが、明治十四、五年頃までは、士族屋敷や城山などに少なからぬ狐狸が徘徊したもので、秋の夜などはほとんど毎晩のように狐の啼き声が聞かれ、わが家のまわりを三、四疋も駆けまわるようなこともまれではなかった。

著者は先年、同地の吉城氏の老刀自《ろうとじ》の談を聞いて驚いたことがあった。

それは明治の初年のある夏の夜に、刀自は字堂潟の親戚に病人があるので、看護かたがた泊《と》まりにゆき、夜明け前にその家の小児を背負い、門先に出てお守《も》りをしていると、やがて夜が明けかけたが、ふと前面の愛宕《あたご》神社のある丘陵を見ると、狐が列をなして急峻な男坂を登るのが見えたので、数えて見たら二十九疋おったという。

話しても現代人は信じないであろうが、昔はそのように狐が多くおったのだ。(右の狐は夜中に市内へ散在していたのが、黎明に集って山へ帰るのである)

狐狸の繁殖する時代は狐狸の活気の旺盛期で、人間はこれを忌避する、狐狸はますます増長する。かれらの猾智や邪力はいよいよつのるのは明白だ。

今日のごとく山林が伐採され、年々狩猟が盛んになるのは、狐狸の衰亡を来たす原因で、いったん衰滅におよべば、彼等の生理と精神力とにも影響は確実にくる。かのアイヌ族がわが官民から善意の下に保護されるにもかかわらず、年々減少し、もはや人力のいかんともすべからざると同じ理法が動植物界に流れておるらしい。ただし狐狸に関しては、多少地方によって、部分的にこの理法が行われぬ場合もあるらしい。

前項にもたびたび書いた石見《いわみ》国の東部の大田附近は、古来から明治初葉までは、おびただしき狐どころであったのが、その後おおいに減少したけれど、近年またボツボツ繁殖したという。一昨年の夏、著者は同地に遊びて、字金毘羅谷《あざこんぴらだに》の狐の穴を数えた時、一、二町歩ばかりの雑木林の中に約二十四、五もあった。同行の某青年曰く、丹念に探せば、四十は確かにある云々。本書の狐の話題が、この地方から多く出たのも当然のことであろう。

さて本文に入ろう。前記の大田町字新市《しいち》の農家池田家の老母が、ある日、金毘羅谷の上へ枯枝拾いに行き、樹間よりふと谷底を見ると、少しばかりの平地に七、八疋の狐が直立歩行の練習をなしつつあるので、驚いて眺め入った。

一疋または二疋連れで順々にやるのであったが、その方法は、切岸のごとき赤土の崖にむかい、急ぎ足にヨチヨチと立って歩いて行き、ドシンと突きあたるのを限度にして、お次の番となるのであったが、一群は何度となくこのことを繰り返した。老母はこれをもって狐が人を化かすおりの入用にするのだといまいましく思った時、狐は相撲のようなことをはじめだしたので、いよいよ気持ちを悪くし、結果を見ずに帰来したという。

狐の直立歩行は単なる遊戯か、あるいは人をばかすおりの必要事としての練習かは、にわかに断定はできぬ。現代の教養ある人は、おそらく前段の解釈をとり、後段の解釈は迷信者の解釈となるであろうが、西部シベリアの狼群の社会的訓練事を顧みれば、後段の解釈が当を得たことであるやも知れぬ。かの狼群は、敵を攻撃する術や、負傷の仲間を救助する方法の練習まで行うということである。

著者の郷里の老翁中村氏は、その若き時に、狸が立ちながら腹鼓を打つところを、その叔父葛岡氏と共に瞥見をしたことがあった。それによると、狸は尾を支柱にして直立歩行したのであるが、狐の尾の長大なるは、この獣の直立歩行時の支柱用にもなされるのであろうと考えられる。狐の尾の長大なる理由なるものについて、著者はなお他に三個の想像をもっておる。

人語を真似る事例

一

石見国邑智郡小原の素封家林氏方へ、ある夜の深更に門の戸を叩く者がある、誰かと訊くと『大森から来ました』と答える。大森の誰からだと問うとやはり『大森から来ました』

と同じ答えをする。

大森町は小原から四里隔っており、そこには多くの親類や知己があるので、ただ大森とばかり言うのは変であると思い、主人が立ち出でひそかに門の長家の窓から闇をすかして見ると、人ではなく小さい獣が、門戸の際にたたずんでいるので、狐であろうと察し、再び家族をして、どこから来たかと問わせて見ると、やっぱり、大森からとのみ答える。しかるにそれを長家の主人が聞くと、門戸をコツコツと叩く音だけで、物言う声は少しもないのだ。この狐はついに窓から猟銃で射殺された。

この狐のなしたという人語は、林家の各人に一様に聴かれたので、狐の暗示であるとするとじつに威力のある暗示だと驚かされる。

二

明治十四、五年のこと、松江市字奥谷の根岸氏方にて、下女の袖というが、いつも食物の残りを台所の戸外に棄てて、野良猫や狐の食うにまかせていたが、冬日降雪の夕などは、寒さのために戸外へ棄てるのを怠ることがあった。

するとその夜には、狐が戸をトントンと叩いて『ソーでさん』というて呼ぶのがつねであった。このことが不思議とされ、ある夜同家の人々が巧みにのぞき見をしてその詳細を知った。

狐はまず前肢《まえあし》の先端でたくみに一つの雪玉を造った。それを前肢でかかえながら、台所の戸のきわへコロリとあおむけにころび、雪玉を二本そろえた後肢《うしろあし》の尖端に移して、少距離で忙しくそれを戸へ投げあてて、トントントントンの音を発生させるのであるが、戸に投げつける雪玉は下へ取り落とすことがなく、巧妙に後肢《あとあし》の尖端に受けとめられた。

それから今度は、前肢をなかばどころで折り曲げて、左右から交叉させる時に『ソーデ』という音が出る。それに続いて、尾で強く戸をなでるのが『サーン』と響き、三者が連接して『トントントントン袖さん』となるのであった。

これを見た根岸家の人々は舌を捲いて狐の智慧に敬服した。狐狸が人を呼んだり、言語を交えたりするのは、ことごとく暗示の法によるものと想像されていたのに、この根岸家で演出された狐の人語は、真正の音響の技術であるから珍奇である。

三

大正九年の秋、出雲国仁多郡馬木村の糸原拾太郎というのが、自宅から十町ばかりを隔てた所有の雑木山の頂上へ、狐を捕るために頑丈な釣りわなを仕掛けておいた。

その夜十時頃に、その山の頂上の方にあたって、陰凄きわまる高声で『助けてくれー』という悲鳴が、闇をやぶって山下の村落にまで響きわたった。

この悲鳴にもっとも刺激されたのは、頂上から約四丁ばかり下ったところの谷蔭に、小屋をかまえて夫婦暮らしをしている糸原方の山番であったが、夫婦は主人方へ逃げて来て、あの声の凄さを聞いてはとても山におれぬと言ってふるえている。

糸原方の近所からもおいおい人が寄って来て助けに行くことになり、手々に械具《えもの》を携え、山番を先頭に、松明《たいまつ》や提灯で一同が山上へ急いだ。悲鳴は依然として山々谷々へ響きわたっているが、女の声らしく、いかに人々の腸《はらわた》に浸むようであった。

糸原は自己の仕掛けたわなに人間がかかったことと信じて、心痛しながら人々を乗りこえてまっさきに頂上へ駆けあがった。

見ると人ではなく、一疋の老狐がかかって、さかさまに宙吊りになりながら、ブランコ振りに左右へ八、九尺も揺れつつ、脱出しようとしてもがいている光景が光に照らされて眼前に展開した。狐《きやつ》であるぞと罵って人々がいっせいに駆けつけようとするおりに、狐は幸運にも、罠から脱し得て地上に落ちさま、脱兎のごとくに逃げ失せた。この狐の悲鳴が人語で助けを呼ぶごとく聴こえしことは、不思議だと皆々評定をしたという。

狐のことではないが、ついでに書きたいことがある。

五、六年前、一夜自宅にて訪客と囲碁をしていると、宅前の河の下流半町ばかりの地点にて、若い犬のキャンキャンいう悲鳴が聞こえ出したが、次第にはげしく凄くなって、ついには人間が早口に『嫌だがネー』を連呼するように皆の人々に聞こえ、笑いながら聞き耳を立てた人もあった。この悲鳴は約二十分ばかりの後に、いつしか声量も細り、叫びも間欠的になり、ついには終熄したので、虐待者が赦して立ち去ったと思われた。

しかるに翌朝、河に犬の溺死体が流れているとて子供が騒ぐから出て見ると、首を縄で括り、縄の先端には四、五貫の石がつけてあった。これによって、前夜の犬の悲鳴は、溺死から免れるべく首だけ出して死力を尽くして泳ぎながらの悲鳴であったことと知って哀れに思った。犬の悲鳴の『嫌だがネー』と聞こえたのは、人に哀願を乞うための全精神をこめた自然の声で、かかる場合には人も動物も区別はなく、いわゆる霊犀相通ずるというものであろう。本文のわなに罹った狐の悲鳴も、この理法であったかも知れぬ。このことは人および動物の精神なるものの力の玄妙たることが推知されるわけだ。

悪辣の事例

人がさげたり背負ったりしている食物を狐が奪《と》るには、かならずばかして取るように想われるけれども、そうではなく、生理的な体力を使って無理やりに取ろうと企画することも少なくない。左は前記の狐どころたる石見国安濃郡地方で経験された確かな事実である。

一

川合村の那須清吉と云うが、三里余りある柳瀬《やなせ》浦の親戚へ祝宴に招かれ、夜更けて土産物の重箱を背負い、無提灯で国道を通って、字諸友《もろとも》の綿田山の近辺に来かかると、故なく髪の根が緊《しま》まるようで、総身ゾクゾクとして縮み上る感じがする。きっと狐がつけたことと思い用心をすると、やがて何物か背へ飛びつくこと数度に及び、いよいよその狐たることを知るや、重箱を前へ廻して歩くと、今度は前面から重箱に飛びつくのであるが、暗くして狐の姿が見えぬので、いまいましく舌打ちをして力身返って歩き、大田薬師の家並みのある所へ来ると、ようやく狐が断念して去った。帰家して見ると、重箱を包んだ風呂敷には獣の土足の跡や歯形がついていた。

二

右の人間の婿たる春日某なる大田町の兵隊戻りの青年が、ある夜一杯機嫌で、一里余を距る久手浦《くてうら》から籠に大鰯《いわし》を入れて背負って戻り、前項の綿田山のこちらにさしかかると、狐が背の魚籠に数回飛びつくので、気をたしかにして拳固を振りまわしながら七、八町を歩くうちに、さらに五、六度ばかり籠に飛びつかれたが、これも大田薬師あたりから放免された。帰って見ると、鰯は三分の二ばかり奪われていた。このあたり刺鹿《さつか》村から鳥越村辺には、昔から悪狐のいるので有名な場所である。

三

また前項の青年の叔母なる若き婦人が、九月の明月の夜に、一人で柳瀬浦から大田町に帰る時、刺鹿《さつか》村字西川の国道にさしかかると、左右は稲田にて、稲の葉の露が光り、夜景の美しさに、楽しい気分で歩いていたが、とつぜん髪の毛が一本立ちになるような不快な感じがするので、前後を見まわしたけれど、月色昼のごとく照るだけで、何の異常もないから、怪しみながら歩を進めていると、横の稲の中から、大なる狐が一疋道路の上へ飛び出して眼前を疾風のごとく横切って後方へ駆け逃げた。それ以来は髪の根の締まるような感じが頓《とみ》に消失した。この女は空《から》の重箱をさげていたのを、最初狐は食物があるかとねらったおりに、妖気が女を衝《つ》いたのであろうが、重箱は空虚なるを知ってから断念して立ち去ったらしい。

四

大田から三里の山地なる池田村に湯浅氏なる医師があった。ある日の午後、従僕を連れて隣郡吾郷村の江河岸《ごうのがわぎし》の郡道を行く時、向うから魚籠を担《かつ》いだ男が酒酔いらしい足どりでやって来、その後ろに一疋の犬がついて来るのだが、接近してから見ると男ははなはだ眠そうであり、また犬と見たのは狐であるから、湯浅氏はホラと叫んだら、狐は驚きさまに江河の深淵に身を躍らせて飛び込んだが最後、どこへどうしたか姿を見せなかった。切岸の高さは一丈余りあり、淵は藍をたたえて底が知れない。しかしそれくらいなことで溺没する狐ではないから不思議とされた。また彼の男はそれから気も確かになった後、自分は睡《ね》むたくなって始末がつかなかったのは変だったと言った。

超官能的知覚

狐の老甲《ろうこう》なのは超官能で、事実を透察し、または人語の意味を解する力があると見られる実例は少なくないが、左の事柄などはその適例であろう。

明治十七年の春、山陰山陽方面は非常の大雪で、山地部落はいたるところ丈余の積雪に埋められ、鳥獣は群をなして人里に避雪をしたが、そのおりに、備後国双三郡の三次《みよし》町附近へ出て来て、寺院の床下に集まった狐は何百疋とも数が知れず、多いのは一ヶ寺で五、六十疋以上、総数は三次附近のみでも千疋は下るまいとさえ言われた。

彼等はことごとく食に飢えておって、白昼に寺の台所へ押し寄せる騒ぎであったから、三次町の人々も注意を喚起し、ついに町民一同の決議で、狐に焚《た》き出しをすることになり、各町で大釜に飯をたき、握り飯を作ったのであった。

しかるにある町ではこれに反対し、この大雪で食うことのできない人間がたくさんあるのに、それを救わないで、狐を救うという法があるものかとて、狐に焚き出しをするのを吝《おし》んだところ、その班《なかま》の受け持った寺の狐は、一疋もその握り飯を喰わなかったので、人々は驚いた。

狐にこの意地のあるのは珍談であるが、この意地は一種の義理責めの説諭に逢うて自殺的に死んだ話もあるから、彼らの中には話せる奴もあるといわねばならぬ。

奇抜な遊戯

狐の純粋の遊戯の十八番は狐火であるが、狐火にも四種ある。一は、俗に狐の嫁入りという無数の小燈火的な火を現出するもの、二は、ただ一、二個の火を弄《もてあそ》ぶもの、三は、大厦高楼の各室が燈火で明るくなっておる光景、四は、昔の絵本に描かれた通りの狐の嫁入り行列である。

第一のは、古来各国人が各地で見せつけられておるもので珍しくないが、現代人はこれを電気性の自然現象の火だと説明しておるも、これは学者の例の机上論である。

福島県若松市のH氏の談話に、少年時代に自家の裏手の田圃《たんぼ》の中で、夏の夜に毎度狐火が現出した。二、三十個ばかりの火が同時に二箇所、時としては三箇所も一列に出て、動かない時もあり、動いて明滅することもあり。出現しない晩には、家族が縁側で納涼しながら、今夜あたりは、出てもよかろうがなどと言うとがぜん出現して、家の近くへも寄って来て、さまざまな行進法を演じて見せた。

また石見国大田町の東北端に著者の姻戚の老婦人が寡居しているが、夏の夜などによく狐の嫁入り火を見るのだ。一昨年も二度あったはず。その火は、家の裏の水田の向うなる加土《かづち》の小松山の麓に横列に動き、時としては家の近くへもやって来て、人をからかうような気味があり、ついにはパッタリと消えるのだそうな。

また数年前、出雲国来待《きまち》村と宍道《しんじ》村との間の人家のないところで見た知人の話には、夜の十時頃、車に乗って走っていると、がぜん闇《くら》い山林の上に洋風建ての大きな二階造りの家屋の各室が、燈火で明るくなっておる光景が見え出したので、車夫とともに驚いて見て過ぎたのだが、車夫も、このあたりにかくのごとき家は決してないと言っていた云々。

また狐の嫁入りというのは、最も珍奇な現象である。

島根県立商業学校教諭であった湯川氏夫妻は、明治四十三年十月、出雲大社の附近の浜辺近い松山の麓で見たという。何でも日が暮れて一時間も経たころ、氏夫妻は杵築町の千家男爵邸を辞して西に向かい、裏通りをして海岸方面にある寓居へ帰りかけた時、空は雨あがりで曇っていて暗かったが、通りなれているところであるから無提燈で歩いていた。このあたりは桑畑の多いちょっと淋しいところであって、少し行くと小笹の茂った松山になる。昼見ると狐の穴がたくさんあるところだが、おりから道路の横でガサガサという音がしたので、氏夫妻は期せずして奴が出るのだなと直覚した。

それから少し進むと、とつぜん横手の山の中腹が、際立ってパーッと明るくなったが、ちょうど探照灯で暗闇を照らすごとく、カッキリと区画がついて、約十五、六間ばかりは明るく、その外は真ッ闇である。

妙だと見るうちに、その明るみの中へ、二階建ての宏壮な人家が現われて、階上階下の各室の障子が、燈火で赤々と輝き、正面には玄関がある。而《しか》して門前に当たる闇い方面から、箱提灯を手にした多数の尻からげ奴《やっこ》が、両掛、箪笥、長持ちの類《たぐい》をかつぎこみ、続いてお駕籠《かご》がねり込んで来たが、その行列は暗闇から明るみへかけて、ゾロゾロ何隊ともなく同じように繰《く》り出して繰り込むのだ。しかも、それらは一人も玄関へ上らずに、ことごとく玄関前を横切って家の庭の方に行進して暗闇に消え込むところが、玄関内の燈火を遮《さえぎ》って、黒い影法師になってはっきりと見えた。

夫妻は驚きながら面白がってしばらく立ちどまって見ていたが、自分たちだけで見るのは惜しい、早く他人に会うて知らそうと、急いで一丁ばかり行くと、駄菓子店を張っている後家の家の前へ来たから、小母《おば》さん珍しいものがある、早う出て見るだと急呼した。この声で小母さんが何ですかとて店の先へ出ると同時に、嫁入り行列は消えてしまったが、その跡には、淡白い煙のような気が立ち、やがてまたそれも消え失せて元の闇黒になったことがあった。

狐

湯川氏はこの夜の奇現象について、その後いろいろと研究したが、人為や蜃気楼《しんきろう》的自然現象とすべき事由を発見しないので、いよいよ古人の伝説どおりの狐の嫁入りなるもので、狐の幻術たるものであろうとみなすに及んだという。

また氏はこれを狐の嫁入りというのは不適当な呼称であると言っていたが、いかにも左様である、「狐のする人間の嫁入り行列」とでも言うべきものである。

妖獣的実例

さて、これからがいよいよ狐の妖獣たる怪異譚の本文であるが、狐の妖獣的実例は、古今各地に無数にある。しかれども現代の科学的教養ある常識家からは万口一斉にそのことごとくが虚伝誇張、もしくは迷信者の妄覚の産物として否定せられている。

否定するのが真実であるか、語り伝えられているのが真実であるかは、ここに第三者たるわれらには何とも判定が下し得ぬ。実を言えば他人の言説は疑わしい、また自己の主観さえ真実の叛逆者であることさえある。

ただし、われらの経験や研究にもとづき、ここにまこと実たる保証のできる範囲において、左の資料を掲げる。

牡鹿に化ける

三重県南牟妻《むろ》郡九鬼村には、明治初年頃から悪い狐が数多《あまた》おって、現代も村民に迷惑をかけるということであるが、知人、内山という人の話に、ある日、村の源次という猟師が銃を提げて山へ行ったところ、前方から長さ二尺ばかりもある、みごとな大角をはやした牡鹿が一疋駆け出して来たので、良い獲物とズドン一発これを打ち止め、そばへ行って見たら、鹿ではなく、老狐が胴中を射られて倒れていたのだ。まさしく老狐が牡鹿に化けていたのだと知られた云々。

馬追いに早変わり

石見国大田町字新市の農、春日彦五郎の母親が早朝に居所から半里ばかりある刺鹿《さつか》村字一井の俗称ミカサン池という池の横の村道を通ると、向うから馬を曳《ひ》いて来る男があった。それと出会うとき彼女は道を譲って通してやったが、その馬は青草を背に一ぱいに積んでいて、鈴をシャンシャン鳴らしながら歩み過ぎた。それから彼女はものの十間も歩いたかと思う時、ふと振り返って見ると、たった今すれちがった男も馬も消えて跡なく、かわりに一疋の野狐が、チョコチョコ走りに、池の横の小坂を登り行くのが見られた。

このあたりは一本筋の路で、左右は田と山とであって、馬などを引っ張って行けるところではないから、狐が馬子と馬とに化けたに相違ないと語っていた。このあたりは人を誑かす有名な綿田山の狐の縄張り内であるから、今の狐は多分それであったろうともいわれていた。

尾を使う

須磨に住居する宮城県気仙沼町生まれの実業家三田氏が、少年上りのおりの実見の珍談である。

七月五日は気仙沼地方の取引季であるので、氏は隣郡高田町へ生糸の掛け金集めに行くべく、午前二時に早起きをして出発し、二つの山を越して夜の引き明けがたに、山地の大部分を踏破し、人里近い麓へ下りかけると、渓流の上に架した国道の小さい土橋があったので、その橋の手前の草の上へ腰を下ろして葉巻を取り出し、スパスパやっていたが、夜は明けたというものの、木蔭はまだ闇《やみ》が残っている時分であって、ほかに通行人は一人もなかった。

ふと橋の向いの大木の下を見ると、五十歳ばかりの親爺が土《じ》ベタへ坐って酒杯を献《さ》したり受けたりするような態《さま》をしているのが眼についた。元来このあたりに有名なオサベの馬鹿という人間があるはずだから、この親爺はきっとそれであろうなどと思っていると、たちまち顔の右半面が、電気でもかけられたごとくに、ギャーとした、何とも言えない嫌な感覚が発したので、ヒョイと右方へ眼を配ると意外!

かの親爺から五、六間ばかり右の方に、一疋の赤毛の老狐がおって、親爺に尻を向けており、その面《かお》も親爺の方にねじ向けながら、尾を水平に伸ばし、その尖端をヒリヒリ迅速にまわして小さい輪を画くようにしている。その状態は、まさしく尾端で人間を操縦して気を狂わしておるがごとくであった。

これを見て驚いた三田は、石を拾って狐に投げつけると、狐も驚いてただちに山中へ躍り入って逃げ失せたが、その時奇怪にも、狐の飛び出すと同時に、彼の親爺は狐に綱にて引かれたかのごとくに、狐の飛んだ方向へ向けてバタリと内俯《うつぶ》しになって倒れてしばらく正体なさそうにそのままでいた。

そこで三田はそばへ寄って抱き起して、背中を二つ三つ打つとようやく正気づいて四辺を見まわし、驚いたさまで、ここはどこであるかと問うたので、ツナギの山の根だと告げると、親爺はいよいよ驚いて、今日は何日ですと問うたから、七月の五日だと告げると、彼は顔や体を撫でまわして、自分は実は高田の先の大船渡《おおふなと》の者であるが、確かに三日の暮がたに、大槌の某家の婚礼場へ、塩鮭を土産《みやげ》にさげて出たはずだとて、そこらあたりを捜したけれどないのでますます怪しみ、たしか今までその婚礼の座席で飲食して楽しんでいた気であったと言った。

三田はそこで、今あった狐のことを言って聞かせると、彼は面目玉《めんもくだま》をつぶしていた。二人はそれから同道して高田町へ越して、町の入口で別れた。

美人に化ける

明治四十年頃のこと、千葉県夷隅郡長者町字宮前の峰島忠助という半農半商の人間が、海村へ買い出しに行き、日が暮れて魚籠を荷《しょ》って帰途につき、隣村の大山という小松の生えている赤土山へ来てから、道に迷って山の中央を見かけて進んで行くと、平素見たことのない大きい邸宅の建て続いている場所へ出た。

彼家此家《かなたこなた》から、人が出て来て、籠の魚を買うてくれるから、大いに喜んでいると、そのうちにそこらの一番大きい家から人が出て来て、今夜は祝言ごとがあってご馳走をするから来いとて連れこみ、立派な座敷へ通し、種々の酒食で饗応してくれたから、愉快をきわめ、ことに二人の美人が左右につめ寄せて愛嬌を振りまくので、いずれを取るべきかと野心を起こし、酔いつぶれた態《さま》でねころび、顔へ袖をかけて隙から美人を見較べると、意外にもこの二美人は狐であった。

驚いて起き上って見ると、また元のごとき美人であるので、わが眼を疑い、ふたたびねて、袖のあいだから見ると、依然として狐であるから、さては先刻からばかされたのだと覚《さと》ると、身は樹下の土に坐っているのであった。

そこで困ってしまった、道も知れぬ山奥をどうして出るがよかろうかと思案の末に一計をめぐらし、依然ばかされておるごとくに装いつつ、美人に低頭《じぎ》をして、もはや酔うてしまって帰りたくなったから、町まで見送ってくれよ、その礼に料理屋の金澤屋でうまいものを侈《おご》るからと頼んだ。

狐はそれを信じたと見えて、コンコンと喜び啼きをして二疋連れで先に立って木の間を行くから、それについて行き、難なく道路に出たが、時すでに深夜で人家はみな寝静まっていた。狐はいつまでも道案内をして飲食店角屋の横へきた時、忠助はとつぜん竹垣の竹を引き抜いて狐を撲《なぐ》りかけたら、狐は声を立てて飛び逃げた。

忠助は帰宅して胴巻の中を見ると、木の葉もたくさんあった。そして、飲食させられたのは何であったか知れぬと気を悪くした結果、三十日ばかりも病臥をした。

謝恩での化かし

これも前記と同じ地方での事実で、明治初年のことである。

昔から房総両国は狐狸が多く、したがってその噺《はなし》も多いが、本項のごときは同地方の狐妖談中にても、ちょっと珍らしいものである。

姓名は逸《いっ》せられているが、長者町の某が、春季のある日、その地方の某所において、どうして捕えたものか、子供が一疋の仔狐を縄で搦《か》らめ、河に浸《した》して苦しめているのに出逢い、その仔狐を貰って山林へ逃がしてやった。

その後何日かを経て、某は夜分に同郡東海村から帰る時、大きい家の前へ来たが、その眼には大字新田の旧家鮎野助右衛門の宅前と見たのである。そこへ一人の婦人が出て来て、今夜は鮎野で結婚の祝宴があるから、来て酒を振る舞われ給えとて家へ連れ込み、さまざまに飲食させた末、土産をやるからと言うた。

そのとき自分は風呂敷をもたぬからとて、腰にはせていた手拭いを出して、呉れた物を端の方に包み、肩へ引ッかけて帰途につくと、送り出た婦人が言うには、貴殿には少々お礼をせねばならぬわけがあるが、なにか見たいものがあるなら見せて上げよう、どのように遠い所のものでも見させると言ったので、それでは自分のまだ知らぬ京大阪が見さしてもらいたいと言うたら、それからただちにして京大阪の繁華を観《み》て歩き、しまいには東京の吉原見物となり、格子の外から多くの女郎を見て面白く感じていると、内からは鼠口をしだす、それらにからかっていた。

一方その人の家では、主人が深夜にも帰来せぬので家族は心配して夜を明かし、早朝に妻女は台所で飯を焚いていると、息子が寝床の中から、お母《かあ》、父さんが表の格子にさばって変な態《ふう》をしていると告げたので、妻女が来て見ると、亭主が格子に手をかけて、何か女と言科《いいぐさ》をしているさまだので、気が狂ったと見てとり、背後へまわって背中を一つ撲ったら、亭主ははじめて正気づいた。

家へ入って夜前の経過を語り、狐にばかされたのであろうとて、手拭の端《はし》に包んで持ち帰った土産物を出すと、真正の鮓《すし》であるから、女がお礼をしたいわけがあると言ったことも想起されて、飲食物はすべて真物であったろうといささか安心はしたものの、それでも心配があった。第一、縁故のない鮎野邸へ呼び込まれる理由が怪しいとて、その日にわざに新田へ行き、鮎野方の近所の人にきいて、鮎野方の婚礼の有無を聞い糺《ただ》すと、左様な祝言事などは一切なかったと証言された。

しかるにその年の秋のはじめ、東海村字南ビヤリと隣村大原町との間にあるシンタ山なる草山で、常例として、ある日村民総出で草刈りを行ったところ、叢《くさむら》から、長者町一流の料理屋である金澤屋の記号入りの膳椀その他の器皿がたくさん発見されたので、その旨を金澤屋へ通知すると、同家では手を拍《う》って驚いてしまった。

そのわけは、この春のある夜、鮎野方の使者という二人の男が来て、同夜の祝言用の盛膳何人前かを注文したので、さっそくに調達し、堤灯までつけて数人の男女をして鮎野方へ運び、翌日その食器を取りに行くと、鮎野では一切知らぬとのことに、金澤屋は不思議に思って日を送っていたのであった。

馳走に逢った某は、かつて狐の子を救ったことがあるので、親狐が謝恩のためにあのような好意的なばかしをしたのであると覚ったという。

狐が難産をする時に、人間にばけて駕籠を持って来て医者を迎え、産が出来てから、医者に馳走をしたというような咄《はなし》は古来各地にある。

明治前に著者の郷里でも、ある夜麻疹《はしか》で二人の子供が難儀するとて町医者某を迎えに来て、病児を治療させた時にも、医者は酒食を饗されて、送り回らせられたが、翌日に至り、医師の往《おもむ》いたという某地の山林中に、二疋の仔狐が病死しており、その身辺には、薬品や土瓶が散乱しあるのが発見されたということも伝わっているが、狐が善意を有する時に、人に侑《すす》める飲食物はみな真物である。

幼児を妖殺する

群馬県利根郡奥の各村にては、明治のはじめ頃までは、古《いにしえ》からよくあった怪事が継続して出現した。

主として夜間寝ている小児などの顔面に、とつぜん獣類の引掻爪《ひっかきづめ》の痕のような、充血して紅くなった数条の疵《きず》が現われる。その小児は疼痛のためにはげしく号泣をするのもあるが、泣かないでむずがるのもある。けれど、いずれもみな後に窒息したようになって死亡するのだ。これをその地方の人間は、悪い狐の所業《しわざ》だと言っていた。

ある時、同郡東《あずま》村の九蔵という猟師が、夜明けに雉《きじ》打ちに家を出て、同地の高橋金作という農家のそばの道を通行すると、納戸《なんど》の裏にあたる壁の外に一疋の狐がおって、奇妙な挙動をしているのを垣根越しに見た。

狐は壁の方に尻を向けて、二本の前肢《まえあし》を折り曲げて顎《あご》を地につけ、尻を高く持ち上げながら、尾端で土壁を連打しつつあった。

猟師は怪しみながら通り過ぎて雉場へ行き、日が昇った後、帰途ふたたび高橋方の横を往《い》くと、同家には何か異変があったらしいので立ち寄って見ると、夜前母に抱かれて納戸で寝ていた当歳児の女子の頬に、例の掻疵《かききず》があらわれて頓死をしているのが発見されたのであった。

そこで猟師は払暁に見た狐の怪挙動を告げ、嬰児の急死は、妖狐の所為《しわざ》たることが知られた。（高橋氏老人の談）

ある人は言う、幼児の怪死は狐の所為《しわざ》でなく、上州方面に古来からある怪物カシヤの所為《しわざ》であろう云々。これも一説として書き添える。

綿買い女に化ける

今日から言えば旧《ふる》いことだけれど、最も確実事として口碑に存している事実である。石見国大田町の南端に慈雲寺《じうんじ》という曹洞宗の寺があるが、明治の少しまえのこと、ある夜、寺の買物の通帳をさげた手拭《てぬぐ》いかずきの若い女房が、大字中町の綿商中島屋へ来て、二百目ほどの綿を買うて去った。

その月の末に中島屋から寺へ掛け金とりに行くと、寺では綿を買うた覚えがないとて争論に及んだところ、和尚が思いあたるふしありとて、寺のうしろの雑木林にある狐の穴へ行って見ると、そこらに綿が散らばり、穴の中には狐が子を産んでいるのがわかったので、異義なく綿の代金を支払ってやった。

蓮池へ落し込む

石見国安濃郡刺鹿《さつか》村大字西川小字辻に辰吉なる青年の大工があって、日頃からの強がり屋であったが、ある夜ひとりで隣村大田から帰る時、村界近くの小さい渓川のほとりで、一匹の狐が出て来て水際へ下《お》り、片肢《かたあし》で水を掬《すく》って体へ振りかけると、飛白の着衣になり、こんどは両肢《りようて》で頭をスルリと撫であげると、たちまち島田髷を結った乙女に化けた。

辰吉は心中に嘲笑して見ていると、乙女はそばへ寄って来て、自分は西川の町まで帰るものだ、一緒にと言うので、辰吉は承諾して、いきなり女の腕首《てくび》をパッと捉え、道ばたにあった割木《まき》小屋の下へ連れ込み、小屋から縄を取り出してぐるぐる捲きに縛りあげ、狐の畜生ブチ殺すぞと叫び、割木《まき》で撲《なぐ》りかけたら、女が大声で、自分は狐ではない人間だ、過まち給うなと言った。辰吉はせせら笑いグズグズ云うな、家まで来いとて、引き摺《ず》るようにしてわが家へ連れ帰り、寝ている親を起して、化け狐を捉えて来たと告げた。

父親は起きて出て見て、それは西川の佐古屋の娘ごだとて辰吉を叱りつけると、辰吉は、自分は眼前で此奴が化けるのを見たのだ、撲り殺して化けの皮を剥いで見せるとて、斧を打ち込んで殺害したら、父親は驚き怒り、斧を奪ってそれで辰吉の脳天を打ち下ろしたら、一撃で死んだ。

この夜、暁天近い時、西川の円光寺で小僧が鐘撞《かねつ》きに出たところ、本堂の横の蓮池で、怪しい男がギヤブギヤブと狂いまわっておるので、和尚に告げた。

郵便はがき

料金受取人払

大崎局承認

1522

差出有効期間
平成13年9月
30日まで
（切手不要）

141-8790

115

東京都品川区上大崎2－13－35
ニューフジビル2階
今日の話題社 行

■読者の皆さまへ

ご購入ありがとうございます。誠にお手数ですが裏面の各欄にご記入の上、ご投函ください。
もれなく最新の小社出版案内をさしあげます。

お名前	男 女	才
ご住所　〒		
ご職業	学校名・会社名	

今日の話題社・愛読者カード

ご購入図書名

ご購入書店名

※本書を何でお知りになりましたか。

イ　店頭で（店名　　　　　　　　　　　）

ロ　新聞・雑誌等の広告を見て

（　　　　　　　　　　　）

ハ　書評・紹介記事を見て

（　　　　　　　　　　　）

ニ　友人・知人の推薦

ホ　小社DMを見て

ヘ　その他（　　　　　　　　　　　）

本書について

容　　　（大変良い　良い　普通　悪い）

ザイン（大変良い　良い　普通　悪い）

格　　　（大変良い　良い　普通　悪い）

本書についてのご感想（お買い求めの動機）

今後小社より出版をご希望のジャンル・著者・企画がございましたら聞かせ下さい。

和尚は出て見て何者だと声をかけたら、かの者はびっくりして附近を見まわし、あわてて池から這い上った。それを見ると大工の辰吉である。和尚は事情を訊ねて、彼が狐にいっぱい喰わされたのを知った。

親に打ち殺された後の辰吉の知覚は、こうであった。殺されて冥途へ行くと、地蔵菩薩があらわれて極楽へ往く道を教えてくれたので、その道を往くと、蓮池に多くの蓮台があるから、それへ上ろうとして手をかけると、台がぐるりと傾く。手でなおして足をかけようとするとまた傾く、何十度となくそこらじゅうの蓮台に取りついて焦《あせ》るところを呼びさまされたのであったという。

強がりの男に、化ける段から見せてかかった狐はえらい。

山中を引きまわす

大田町字新市《しいち》の農、夏花屋のマスなる二十歳の娘が、暮れ方に台所で、釜から飯をお櫃《ひつ》に移していると、手拭い眉深に被《かぶ》った一人の婆さん風の女が、後の畑の方からやって来て、路次口から半身をあらわし鼠口して、ちょっとちょっと、と小声に呼んだ。

マスは自分の見知らぬ者であるから、怪しまねばならぬはずだのに、そのおりは妙に心が引きつけられた。

大急ぎで飯を移し、アタフタと草履をつっかけ、裏口から彼の手拭い被《かず》きの跡を追うて出たのは、マスの母親も表の室《へや》から目撃していた。

マスは畑へ出ると、手拭い被きが早く早くとせき立てて、急ぎ足で円通寺畷に通じる田の中の小径《こみち》を連れて、山の方へ行く。マスは少しも怪訝の念もなく、この女にはどこまでもついて往かねばならぬ気がした。怪しの女は何時も五、六間先を急いでおり、何度となく振り返ってマスをせき立てた。

そのあたりは日の暮際《くれぎわ》には、農家の人々がよく通るところであるのに、このおりには誰にも出会わなかった。

それから二人は円通寺の裏の小山を抜けて、うしろの綿田山へ出で、右折して古城山の後ろの松の密林中に入った時は、トップリと暮れて夜に入りていたことをのちに記憶していた。また途中の山路で、手拭い被きが路傍にある茱萸《ぐみ》の実を指して、それを採《と》って喰えと言ったので、マスは柔順にその言に従うと、生熟《なまうれ》で非常に渋いから、これは渋いと言おうとしたが、その言葉がどうしても出なかったことや、山中をどこともなく縦横無尽に連れ歩かされ、非常に睡《ねむ》いので倒れそうになったこともあったが、歩け歩けとて引ッ張りまわされて苦しかった。

後には山の中へ倒れて睡ると、つつき起こされて歩かされる、そのつらかったことはよく記憶するが、このほかのことは何も記憶しておらぬ。

一方、マスの家では深夜にもマスが帰らぬので騒ぎ出し、町内の大勢が鐘や太鼓で附近の山林を捜しまわり、警察へも届け出て、徹夜で探索したが何の手がかりもない。

さらばとて、遠国へ駆け落ちしたと見るべき形跡もないから、狐にでも隠《かく》されたであろうかとて、次の日ある修験者に見さすと、狐が憑って来て左の如く言った。

数日前、マスが古城山へ松葉掻きに行った時、大きい石を崖の下へ踏み落として、その石で自分の穴を塞いだから、中から出られず非常に難儀をしたが、ようやくのことに仲間を呼んで横から掘り出してもらったその苦しみが忘れられぬため、そのむくいにマスを連れ出して山の中を引ッ張りまわしているのだ、けれどマスはもともと悪意があって石を落としたのではないから、明日頃には返してやろうと思う。

この告げによって両親等は少々安心したが、翌朝マスの父親は、家の後ろの納屋の二階へ藁《わら》を取りに上ると、積藁の間に、湯巻きを頭からかぶって死人同様に昏睡しているマスが発見された。

彼女は母屋《おもや》に抱き込まれて臥《ね》せられたまま、十四、五時間も熟睡してから覚めて正気づいたが、それでもなお精神がなかば朦朧としており、全身の皮膚は荊棘《いばら》なんかの掻き傷に充《み》ちていた。

彼女は全二昼夜、山中を引ッ張りまわされたのであるが、その後、心身の疲労まったく回復してから、よく回想すると、手拭い被きが『おまえの親が案じて祈祷までやっているからモウ帰らせてやる』と言ったことがあったそうだ。

それから数日経て、近所の人と共に古城山へ行き、彼の石を落したという崖の下へ行って見ると、いかにも狐の言ったごとく、五、六十貫もある大きな石があって、その横に新しい穴が掘ってあるのを見た。

魚商人を欺く

前項記載の大田町から北方一里の漁村の小三郎という男は、海魚を籠にして、四里ばかりの奥の佐比売《さひめ》村方面へ行商するのが営業であった。

ある時未明に魚を担いで、大田の城山の麓の二割《ふたわれ》というところへ来ると、山中の小径から一人の男が出て来て、せっかく浦へ魚買いに行くところであったとて、ぜんぶの魚を小三郎が言い値のまま一文も値切らずに買い取り、紙幣《さつ》で支払い、剰銭《つり》はいらぬとて、魚を持って元へ引き返した。

小三郎は大いに喜び、今日はラクをしたとて、夜の明けたころわが家に帰って寝込み、昼近くに起きて、財布の中の銭を調べると、四、五枚の紙片や柿の青葉が一、二枚あらわれたので仰天をした。これに懲《こ》りて、奥行きの魚商いをやめた。

また同じ大田町の魚買いの今屋というのが、ある日、暮れ方に約一里の鳥井村へ海魚を買いに行き、夜に入ってフネンゴ坂を通ってわが町へ向けた。

翌朝、鳥井村の人が大勢フネンゴ坂を通ると、道の少し横の窪みに今屋の親爺が坐っていて、大ウカレに喜んでいるので、おまえは何をしているかとて、人々が来て背を叩いてやると、彼ははじめて正気づいた。

魚籠は二十間ばかりの彼方の谷底にあって、なかには一匹の魚もなかった。彼は婚礼場の家の前を通る時、門内に呼び込まれて全部の魚を買い取られ、それから座敷へ上らせられて酒を飲み、面白い芝居を見ている最中であったと告げた。この男も、魚買いをその日限りに廃業をした。

老婆を狂わす

石見国邑智《おうち》郡君谷村の農、日高政市というのが、ある日、女房と同道で隣村なる女房の親里へ招かれて行き、留守居の老母のマサが、日の暮れがたに夕飯を終わり、裏の井戸端へ行って食器を洗っていると、一疋の犬が出て来て、皿の中にあった肴の骨を咬《くわ》えかけた。婆さんは、それを飼い猫にやろうと思っていたので、コナ奴と怒鳴りながら水をブチかけて追い逃がしたが、この犬と思ったのは実は狐であったことが後でわかった。

婆さんはそれから家へ入ると、急に淋しい気持がして堪《こら》えられぬようになったので、政市夫婦の戻るのが待ちかね、戸締りをして迎えに出た。

その時分は、もう日が暮れていたが、日露戦争に戦死した二番息子の石碑の下へ来ると、隣りの嫁女が、ヒョコリと向うから来て、小母《おば》さんどこへと声をかけた。婆さんはああナツさんか、ちょうどよい所で出会った、いま政市を迎えに行くところであるが、淋しい気がするから、少しばかりついて行ってもらいたいと言ったら、嫁女は承諾をして一緒に歩き出したが、婆さんはある木樵小屋《きこり》の下へ来ると、小屋の内から竹棹《たけざお》が出て来て肩や背中をコツコツと突き立てるような気持ちがすると、いっそう変な精神になった。

やがて政市夫婦が、松明をともして向うの山の径《みち》から帰って来て、婆さんどこへと言った。婆さんは、それを他人と見ており、私は家《うち》の政市を迎えに行くので、隣のナツさんについて行ってもらっているところだと答えながら、ズンズン前進しようとする。

政市夫婦の目には、ナツがいないのみならず、婆さんの状態が怪しいので、狐にばかされているのだと気づいた。婆さんは、従来数次、狐に悩まされているのである。それは、今は故人であるが、以前婆さんの亭主が鉄砲打ちで、多くの狐を殺獲した頃に、狐の恨みで、婆さんが貧乏籤《くじ》を引くのであった。

そこで政市は母親の肩や背を手で揺《ゆす》ぶったり叩いたりして、婆さん、気をたしかにと呼んでも、一向に効験《ききめ》がないので、じゃあ、荒療治だと松明の火を消して、その柄《もと》の方で婆さんの臀部を散々に殴るけれど少しもひらけぬ。

この騒ぎで村内から人々が駆け集ったが、誰かが前方を指して狐が見ていると叫んだ。見ると、十二、三間の近距離の田の畦に、一匹の狐が尾を垂直に立てて、熱心にこちらを見ているので、大勢で追い逃がし、それから婆さんを連れて帰ると、狐が家の庭へ先廻りして来ており、いかに威嚇しても逃げぬので、銃を取り出して向けたらようやくに逃げた。婆さんは翌日に至って正気に戻った。また隣家の嫁女は前日に外出しなかったこともたしかめられた。この事実は七年ばかり前のことである。

白昼に農夫を化かす

愛知県中島郡板葺村の堀田幾四郎なる老人の実見談である。

初夏の午後一時頃、居室に横たわって午睡《ひるね》をしようをしていると、百間ばかり先きの畑の中で、嘉平という農夫が、糞桶《くそおけ》を荷い、柄杓《ひしやく》を手にして、作物の上を左右に歩いている様子がはなはだへんてこなので、幾四郎は縁側《えんがわ》へ出て、四方を眺めた。するど、嘉平のいる場所から二町余り隔《へだた》った所に、一匹の狐がいて、嘉平にむかい右左に尾を振りながら近寄ろうとしているのが目に入ったが、嘉平は、狐の動かす尾の向くのと同じ方向に、柄杓を左右に振り動かすのである。

而《しか》して狐が五、六十間ほど近づいたとき嘉平は柄杓を棄てて素手になり、狐が進めば嘉平も進み、狐が退けば嘉平も退き、その進退ただ狐のなすがままである。

幾四郎はこれを見て、大声をあげたら、狐は走り出したが、嘉平もまた狐の方向に走り出す不思議さに、幾四郎はたえかねて、跣足《はだし》で畑へ飛び出して嘉平をつかまえ、強くその肩を殴りつけたら、はじめて彼は正気にもどった。

嘉平の告ぐるところには、最初は彼は狐を見たので追いまくっていると、突然そこへ隣家の知人が来て、隣村へ行くからついて行けと言うので、ついて行こうとしているところを正気づけられたのだ云々。

狐に愚弄されていた長い時間は、彼のためにはごく短い時間であったらしい。

油揚げ一箱を奪う

石見大田の隣村刺鹿《さつか》村字諸友の豪家福間方で仏事を営む前日、出入りの男を大田町へだし、別誂《べつあつら》えの大油揚げを取りに遣《や》ったところ、それっきり帰って来ぬので、翌日早朝、別人を出してふたたび油揚げを注文するなどの騒ぎをしたが、前の男は法事の翌日に茫然と気抜けのようになって福間家へ戻って来た。着衣はもちろんのこと、油揚げ箱を包んだ大風呂敷も裂け目だらけで、箱の中の油揚げは一つもないという惨めさであった。

事情を糺すと、この者は大田町で油揚げを買って箱に入れ、背負うて新市《しいち》上の旧道を歩いて帰るうちに日が暮れたが、見知らぬ男が出て来て、城山へ連れこんだ。山へはいると茂林の中を夜昼なく連れ歩かれたが、その間なんどとなく背の油揚げ箱を下ろされたように記憶するが、詳しいことはわからぬとのことであった。

小学生をばかす

六、七年前のこと、石見国邑智郡君谷村大字惣森《そうもり》の小学校長の伊藤氏が秋の日曜日に十五、六名の男生徒を連れて附近の山へ遊びに行って、帰りに点検すると、一名欠けているので驚いて大捜索するうちに、山の大池の方から茫乎として出て来たので訊ねてみたが、非常に疲労し切っていて言語を発することが出来ぬから、親の家へ送り届けて静臥させると、その夜は死人の如くに昏睡し、ようやく翌日、元気回復の後にその語るところによると、山で皆と一緒に遊んでいるうちに、咽喉《のど》が渇いたので、一人で池へ行って水を飲んだが、その時池の横に赤毛の犬がいた。

水を飲むと急に睡くなって、そこの草の上で寝たが、誰かに起こされて見ると、その辺の栗の木に、たくさん実が結《な》っていたから、懐にいっぱい拾って帰ろうとすると、犬がついて来て、自分を押し転がし、懐の栗がみな出ると犬が取ってしまった。

この生徒の犬と見たのは狐であることは疑いないとのことであった。この君谷村は悪狐の多いところで村民がしばしばやられるという。

嫁入りの一行を化かす

炉辺叢書の『三州横山話』に出ている面白い話を移載する。

明治三十年のころ、三河国南設楽郡横山村で早川徳平方の留吉なる下男は、盆の十五日の夜に友達と三人で豊川稲荷へ参詣に出かけて真夜中ごろ、途中の本野ヶ原というへ来ると、傍の畑の中に、若い女と、二人の男が風呂敷包を背負って、三人共に尻をはしょって妙な格好をして歩いているので、不審に思って、そこに立ち留って煙草を吸いながら見ていると、近くの畑の肥溜《こえだめ》の屋根に白い狐がいて、頻《しき》りに尾を振っているので、はじめて狐に化かされているのだと感づき、三人で大きい声をして怒鳴ったら、狐は丸くなって逃げて行ったが、彼の男女の三人はそれから正気に還った。

だんだんとわけを聞くと、この男女は近くの一鍬田村の者で、若い女が嫁に行くので、父親と下男とが支度の着物を豊川の町へ買いに行った帰りであったが、その畑の中が一面の川に見えて、どうしてもそこが渡り切れなかったので、尻ばしょりをしたのだそうである。

またその時、若い女の股の所に大きな痣《あざ》らしいものがあって、月の光で明瞭に見えていた。

数十人を化かす

狐が人を誑らかす場合は、たいてい一、二人の小数者の場合に限られるように想われるが、徳川時代に、本願寺法主《ほっす》一行数十人が一同に狐にばかされた珍事がある。

文政十年、京都の東本願寺が、洛外の西山に土地を買って法主の別荘を建てることになったが、その地に古い神祠があって、社殿の下に狐の穴があり、またその附近にも多くの狐の穴があるので、それらを取り退けると災禍があるなどと云って、地ならし工事も出来かねたけれど、別荘が竣工すると天皇が行幸になるという噂も発したので、それに勢いづいてようやくのことに、かの神祠を取り毀《こぼ》ち、附近の狐穴をもみな埋めて地ならしをしおえた。

するとある日、法主が二、三の役僧その他十数人の家来を連れて、別荘地見分に行った。一行は駕籠が四挺で、舁夫《かごかき》とともに三十余人の人数であったが、帰路に日が暮れ、南へ往かねばならぬところを反対に北へ向かった。それを誰も気づく者がない。

ついに夢路を辿るような気持ちで、稲田の中を三時間も迷い歩いて、徒歩者は泥まぶれとなり、はては夜更けに農家の生籬《いけがき》の中へ法主の駕籠を突っ込み、内から怒鳴られてようやく正気に復したが、そこはどこかというと途方もない上嵯峨であった。

そこから確かな人をつけてもらって夜明け近くにやっと本願寺へ帰着したことがあって、当時の評判の事件であった。

金貨を盗む狐

西洋文化の輸入の少い時代の出来事で、それを語った人も老人であるからアテになりかねると言わば言えるが、語った人は旧鳥取藩士の、儒者肌の易占家で、明治十年頃には、同地の志士会とかの幹事まで務めた人格者の上田波造翁であるから、根拠のある事実だと見ねばならぬ。話は左のごとくである。

明治維新の廃藩置県の少し前かたのこと、因伯二州の政治は、鳥取の池田侯の手に行われていたが、ある時、同藩の金蔵《かねぐら》の金貨が、千両ばかり不足しているのが発見されたので、役人が内探をした結果、その蔵番の足軽数人を、金泥棒の被疑者として目をつけることになった。

すると蔵番の一人の何某（不幸にして姓名を聞き漏らした）方が、近来しきりに家具、日用品などの調達が多くなった形跡があるので、それを寺社奉行の白州《しらす》へ召喚して糺問すると、その人間が答えて言うには、自分は少しも偽りを申さぬから、そのつもりで御聴き取りになりたいとて、左の事実を申し立てた。

自分方は、食物の残りを流し尻に棄てて、そのころ毎日のように晩方に来る褐色の大きい犬に喰わすのであったが、ある夜、縁側に小判が三十両、何者がしたともわからず置いてあった。翌朝発見していろいろと考えて見て、かの犬と思っていたのは狐であって、それが食物の謝礼として持って来てくれたのであろうと気がついたから、その金で買物をした云々とて、買い込んだ物品と使った金高とを明細に申し立てた。

元来その人間は正直な人物であったので、言うところに偽りはないと役人が思ったけれど、いちおう牢屋へ入れられた。而《しか》して金蔵の金を取ったのは、右の狐であろう、不埒な畜生だというので、その頃、祈祷に霊験を現わす人として有名であった鳥取在の国安村なる蔵谷《くらだに》八幡宮の社司に命じて、かの狐を呼び出す秘法を修せしめられた。

社司は藩庁の命に応じ、ある日、神前にてその法を修していると、その家の下女に、物の霊が憑って仰向けに倒れて目をつり上げた。その報《しら》せを得た社司は、下女のそばへ寄って、汝は何者かと訊ねると、下女は起き上って、自分は狐であるが、金蔵の金を盗み出したのはいかにも自分で蔵番には三十両だけしか与《や》らぬ、皆やるとかえって彼の不為になると思って、後の金は御殿の庭の池の縁の黒い石の下に埋めてある、と言ってから落ちた。

そこで、社司から、その通りを申告したので、金蔵の役人が藩主邸内の池の岸を探して見ると、果たして残りの金が出たから、彼の蔵番は放免されたが、狐は不埒な奴だとて、再び彼の神職に命じ、因幡から国払いをさせる秘法を行わせられた。

すると数十日たって、ある日、かの神職方の下女がまたも、物の怪《もののけ》が憑いて言うことには、自分は国払いに遭ったあの狐であるが、今では仲間省《は》ぶきになり美作《みまさか》の某滝（その名を聞き漏らした）の附近に住んでおり、毎日わずかばかりのオンブク米（滝の堂に献ずる供進米）で露命をつないでいるのが、あまりにつらくて情けないので、前非を悔いるからなにとぞ因幡へ帰らせてもらうように藩庁へ伝えて下さい、と哀願した。

神職はこのことを申告すると、藩の執政が、狐を釈《ゆる》すという命令を下したから、寺社奉行が赦免状を小者に持たせて、作州のかの滝のところへやった。

すると一匹の痩せこけて今にも倒れそうな狐が迎えに出たので、使者が赦免状を朗読すると、嬉しげに頭を垂れて使者のそばへ来て足を舐《な》めた。それから狐は、使者と前後して因幡へ戻り、国英《くにふさ》村のあたりでその姿を見せなくなった。

しかるにその後、かの寺社奉行の某は、一ヶの秘術を行うようになった。

それはどんな土蔵の錠前でも鍵なしで開閉が自由になることであったが、その秘法は、かの狐から教わったのだということが誰の口からともなく一般に言《い》いひろまった。

ある日、藩士の某方にて蔵の中へ過って鍵を残して錠をおろしたので、戸が開かないで困ったあげく、かの寺社奉行の秘技に依頼すると、当人承諾してやって来た。その席に本文の談者の上田翁も立ち会った一人であった。

寺社奉行は、蔵の錠前を開く時に、附近の人払いをしたので、いかなる技術を弄したかは知るに由はなかったけれど、一瞬間の所作で、すぐ坐にもどり、もう開きましたと告げたから、家主以下各人が土蔵の戸を見ると、戸は一寸ばかり開いてあったそうだ。

狐憑現象

狐憑なるものは変態精神かまたは真正の事実かを論ずる人への資料として、左にいささか現象事を書こう。

瀕死病婦の大飛跳

松江市殿町△△呉服店の四十余歳の妻女が奇病に罹《かか》り、数十日間飲食を絶ちて衰弱し、時おり怪しい言語を吐くので、狐狸の類が憑いたものと信じられ、さまざまと祈祷師にかけられたけれど何の効験もなかったが、医師は強度のヒステリーだと言っていた。

ある日、同市から六里を隔《へだ》てた多胡浦の矢田某という老人の霊能者が招かれた。この老人は実に卓越した霊能者であって、その頃生きた弘法さんだといわれ、何人《なんびと》も何物もこの老人の前へ坐らせられると、正体の看破されぬものはなかった。どんな人でもその思うことが透視され、過去未来のことも手に取るごとくに説明のできる老人であった。

老人は病婦の居室から一室隔てたところに坐し、爛々たる眼光を放って、一、二分間病婦を凝視していたが、右の手の指先で、コトコトと畳を叩いて、ちょうど狆《ちん》などを呼ぶ時のごとき状態《さま》をした。

すると病婦は、乱れ髪の頭を振り立てながら、寝床から急ぎ足に這い出して来て、老人の膝の上へ面《かお》をのせたさまは、まるで獣の様子であった。その時、老人は病婦のシン髪を掴んでその顔を畳に押しつけ、『狐の畜生憎い奴』と怒鳴って四、五回こづき廻すと、病婦は釈《ゆる》して釈してと哀号した。

老人は次に病婦の首を抱えて、赫怒火《かくど》のごとき顔色をして、口から口へとその霊息をいっぱいに吹き込んで突き放すと、病婦の腹中がゴーゴーと鳴った。やがてのほどに青黄色の液をたくさん口中から滴下して、ほとんど絶え入るような態をしていた。その時老人はもうこれで落ちると言って立ち去った。

右の病婦は永らく絶食していて骨と皮とになっており、歩くこともできないぐらいに衰えていたのであったが、もう帰ると言いさま、軽く起き上って縁側へ出で、そこから九尺の庭の向うにある高さ六尺余りの板壁をひと飛びに跳《は》ね越えて、裏の古井戸の中へ落ち込み、引き揚げられて数日間昏睡してから常態に回復した。

憑き物がして反生理的大飛跳をする例はいくらもある。

大正三年の頃、同市片原町の某方の八才ばかりの児童が、ある社《やしろ》の荒神の榎に小便をかけて憑きもの現象を発し、地上から一丈余りある小屋根へ飛び上がり飛び下りして人を驚かした。

また、丹後の元伊勢神社の上田社掌に天狗が憑《つ》いたという時に、地上から二十余尺もある二階の屋上に地面から飛び上がり、またその屋上の棟石の端から、逆立ちをして地上に飜下することを何回もやったという。

人の死屍を望む

大正五、六年の頃、山口県豊浦郡豊西上村字吉見に木村マツ（仮名）という金持ちの老婆が病死をしたところ、数疋の野狐が、家の周囲に寄って来て、人の隙さえあれば、屋内に侵入してマツの死体を喰おうとするので、人々がおおいに奇怪がり、その狐を追い払うのにもはなはだ骨折りであったが、マツを埋葬するについても心配が生じた。それは土葬にすれば、きっと狐が掘り出して喰うおそれがあるのだ、ついにこの村の習慣に違ってマツを火葬にした。

とにかく数疋の狐が、マツの死体を喰おうとして大冒険をやったことは、村民のおおいなる怪事、おおいなる疑問となっていた。

この地方は昔から、恨みのある人へ狐を憑ける習慣が行われているところであったが、マツの死後一ヶ年位を経て、同村の中根庄三郎（仮名）という者に狐がついたところ、その狐が口をすべらしたために、狐を追っ懸《か》けた発頭人がわかり、庄三郎の家族から対手《あいて》の人間を告訴した。

そこで下関区裁判所の検事は、実地検証の為、庄三郎方へ出張をした時に、原告側の弁護士と狐が大論戦をやったなどの新聞事件もあったが、そのおりに狐がいろんなことを口走った中に、前記の木村マツの屍体に狐がつけた大疑問の謎の解決事件もあったので、村民は横手を拍《う》ってなるほど、と感嘆の声を発しないのはなかった。

その謎の解決の次第というのは、左の通りであった。

マツは前かた貧窮であった時、何人に伝授されたかは知れぬが、狐の嗜《す》く食物をしばしば屋後の山へ持って行って狐に与え、何とぞ自分一代の内に金持ちになるようにしてもらいたい、そのかわりに自分が死んだ時には、屍体を与《や》るからと言うて頼んだ。それでマツの希望に応じ、諸方から銭を咬えて来てやったが、その銭は黒井の道源《どうげん》家（同地方きっての門閥家）のが大部分を占めていた云々。マツ婆さんは、生前に何をするとも見えぬのに、年一年と金持ちになるので、皆が不思議だと言っていたのだ。

山芋掘りの狐憑き

三重県南牟婁《むろ》郡九鬼村の鉄五郎という農夫は、ある日、弟の亀次郎が山へ長薯《ながいも》を掘りに往って帰って来たところの容子《ようす》がどうも変であって、狐が憑いたように見えた。

そこで亀次郎の様子を確めようと思い、その夜一つ寝床へはいって臥《ね》て見たところ、案の掟、狐に憑かれていると断定をしたので、困ったことと思いながら、自分の寝床へ戻って臥ていると、やがての程に亀次郎が音を殺して這い出して来たので、虚寝《そらね》をしていた。

すると亀次郎は兄のそばへ窺い寄り、手のひらで鼻息を試して見て、大丈夫睡っていると思った様子で、それから台所の戸棚を開け、いろんな物を手づかみでムシャムシャ大喰いをしてから、おのが寝床へもぐり込んで寝た。

翌日、鉄五郎は近所の人と相談をして、丼鉢に酢を入れ、その鉢の上へ亀次郎の領頸《えりくび》をつかんで顔を出させ置き、あらかじめ用意をしてあった焼石を丼鉢の中の酢に投込むと、酢が沸騰して強い蒸気になり、亀次郎の鼻の奥へきつく浸み上った。元来、狐は酢の香いが嫌いだから、苦しがって叫びつづけた。而《しか》して、ようやくのことに釈《ゆる》されて一室に駈け込み、褶《たた》み上げた布団へ大鉢捲でよりかかり、うつ伏せになってウンウン苦しげな唸りをして、人を寄せつけない。

誰が、どんなに足音を殺して密《しの》びやかに窺い寄っても、亀次郎はたちまちそれを勘づいて、頭を抱えながら苦吟をするので、後には家族が女の帯を畳の上へひいて、その上を渡って行くと、これは狐への禁厭《まじない》であるから、その時は、何人が来ても感知しない。而《しか》して彼は誰もいないと思うと、躯を起こして胡坐《あぐら》をかき、拳を打つ手つきをして、小声でアアコラコラと陽気に浮かれ出すから、背後へ忍びよった鉄五郎が、とつぜん畜生の馬鹿野郎と怒鳴ると、亀次郎はびっくり仰天《ぎようてん》、たちまち前の布団に身を伏せて、またウンウンと高唸りの重病人を装うズルサ。

彼はある日、一度に七、八寸ある大鰯を七、八十疋ばかりペロリと平らげ、後《のち》には魚の腸ばかりを手掴みで大食して人々を驚かした。而《しか》して、いろんなことをベラベラ饒舌《しやべ》り出し、人の知らない他家の内幕などを盛んにぶちまいた。

鉄五郎が、汝はどうして亀次に憑いたのだと詰問すると、自分が山で午睡《ひるね》をしている所へ亀次郎が山薯掘りに来てビックリさせたので憑いたのだと答えたが、毎日の熱酢の攻撃に堪えかねてついに脱却《おち》たのである。

これも同じ九鬼村でのこと、村内の某に狐がついて、色々と饒舌《しゃべり》をした中に次のようなことが知れた。最初、源兵衛というに憑こうと思ったところ、その人間は、いつも鼻をクンクンいわせる癖があって、隙がないので憑かれなかった。次に白石屋の七蔵という漁夫に憑こうとしたことがあったけれど、その男の顔を見たら、恐くなってやめたと云った。

右の七蔵というのは、あばた面《づら》で苦虫を噛み潰したような恐ろしい顔であるから、もっとものことであろうと皆に思われた。

後日、七蔵の言うところによると、彼はある夜、家の後ろの小さい入江を隔てた早田《はえだ》という所の方角から、「七チャーイ」と呼ぶ声がしきりに聞えるので、舟に乗って声のする方へ漕ぎ出して見たが誰もいないので、狐がばかすのではないかと思い、舟を漕ぎ戻して帰ったことがあるという。

狐憑きの最古の記録

狐が人に憑いて言語を為したということは、わが国では平安朝の時代に現われているようだ。詳しくは今昔物語の利仁《としひと》将軍語《ばなし》の中にある。将軍は宇多・醍醐の両朝時代で、今より一千年前の人である。

将軍が京都から賓客を連れて、敦賀《つるが》の本宅へ帰るおり、近江の坂本の浜にて一疋の野狐を見つけたので、面白半分に駿馬に策《むちう》ちて狐を追窮したら、馬の腹の下へ逃げ込んだのを、将軍は馬の腹の横へ体を滑らせ、手を伸ばして狐の脚を掴んでこれを捉えた。

而《しか》して人にものを言うがごとく狐に対し、汝の生命を取らぬ代りに用事を言いつける、敦賀のわが居館へ使者になれ。明日の午前十時頃までに、高島あたりへ迎いの者二、三十名と乗馬二疋とを差し向けよと伝えよ、伝えなければあとが辛いぞ、と言って狐を放ったら、狐は雲を霞と逃げ去った。

将軍に伴う賓客は、何とて広量な使者ですかと驚くと、将軍は、狐は尋常《ただ》の奴ではないから、見給え、きっと何かのことがあるとて笑っていた。

その夜一行はある村落で泊り、翌日巳刻《みのこく》に予定通り高島へ来かかると、果然、国の家臣が数十名、乗馬二疋と食物などを調えて迎えに出たから、どうして我にわかに帰国するのを知ってここへ迎えに来たかと将軍が訊ねたら、家臣が左のごとく答えた。

前夜の八時頃、御前（将軍の夫人）がにわかに怪しくなりたもうて、われは狐であるが、今日三津の浜にて将軍から此館《こちら》へ使いを命ぜられたのだ、明日の巳刻《みのこく》に、迎いのもの二、三十人と馬二疋とを高島のあたりへ間違いなく参らせとのことだが、それを実行されぬ時はわが生命を取られるはずだ、必ず必ずたのむとて元のごとくなり給うた。怪しいことながら不思議に思われたので、かくわれわれを派遣されましたのである。

雑　俎

狐の珠

狐の重宝がる珠《たま》に、夜間に光る白色のものと、光らぬ毛球との二種があるが、いずれもその素質は未詳である。

古《いにしえ》の人の記述には、毛球も夜間に発光するもののように書いたのもあるけれど、それは誤りである。大阪の人で伏見稲荷の信仰者であった某が大正十三年に、伏見稲荷の社殿の前にて、空からとつぜん足元へ下りて来たので拾った白毛の珠は、夜分には光るものではない。

狐の毛球は、徳川の末期に江戸にても二、三の人が取獲して所持していることが、『甲子夜話』に載せてある。狐の玉に関する伝説を左に二、三掲げる。（稲荷の信心家輩は狐の毛球を病難除けなどにして大事がる習慣がある）

我藩士岡田某、秋の末つかた、網もて三峯川の辺を行きけるに、白き狐の、あこがれて右に左に飛びて戯るゝを見、ためらい寄りて網を打ければ驚き周章《あは》てゝ狐失せぬ。跡を見

れば光ある玉あり、拾い取り見れば白毛もて作れるが如し。（信濃奇談）

江戸本所亀井戸の名主地面に住する大工某、ある夏の宵涼みいたるに、狐一疋出で歩きたるに、何やらん狐手にて転ばしやれば、バッと火燃え出る（燃え出づるとは信じ難し、火光の発するの謂いならん）。よく窺ひ見れば、火を以て地を照らし、虫を拾いて喰う様子なり。珍しく思ひて段々近寄りたるに、狐無性になりて虫を拾い、人の有るを忘れて避けず、度々まろばし来りて、手元近く来る故、大工あやまたず、そのまろび来るものを掴みしに、狐は驚きて逃げ失せたり。

手に取りてよく見れば白き玉なり。持帰りて秘蔵し、夜会集の席にて、人々帰るとき履物など尋ぬるにこの玉をまろばせば、火出でて用を弁じけり。愈よ重宝して三年計り所持する間、狐一疋とかく大工に附添ひて昼夜離れず、何となく大工痩衰え、人も見聞きて、この玉の祟なるべしなど言ひしかば、大工もようよう玉を返さばやと心附きけり。ある夜、物求むるとて内より外に遥に玉を投げやりて見れば、あやまたず狐躍り寄りて玉を取りて逃げ失せたりとぞ。（一言一話補遺）

近江国三門竹林院僧正、泉水の辺に狐の遊ぶを眺めおはせしに、鶏卵の如き石を甚だ愛し悦ぶ体なり。若侍ども四、五人ありて密に後へ廻り、急に大声して罵りければ、彼の玉を捨て、狐どもは周章《あわて》て逃げ去りぬ。

則ち取上げ見るに、円形の美石なり、夜分には光りてまさしく狐火なり。大に珍重して秘蔵す。

その後、僧正の居間の戸を叩きて玉を返し玉へと泣きたり。僧正、彼の侍を喚びて玉を返せと再応叱り給えど、末代の宝なりとて返へさず。余りに毎夜のことなれば、また侍に厳命し給ふ。是非なく件の玉を僧正に渡す。その夜また来る。

僧正玉を持ち出で見給ふに、さだかには見えねども老人の体なるが佇《たたず》めり。乃《すなは》ち手より手へ与へば戴きて去る。その後三、五年何の変異もなし。

七、八年の後、僧正八十余歳に及び発病し給ひ衰老覚束なく、医治も無効に見ゆるころ、僧正の生国奥州白河なる舎弟、その外親族七、八人、寺へ来りていへるは、先月幾日、御使に驚き、夜を日に継ぎて上りたりと云ふ。

皆々この言葉を怪み、誰彼と吟味せしに、寺より使を出したる覚へ曾てなし。

白河の人云ふ、慥《たしか》に御使者の名乗りもあり、供人も五、六人ありて御口上もあり、この度僧正の病床に臥し給へり、図るに来月某日には遷化あるべし、それより前に罷《まかり》上るべし、血脈なれば名残惜しく思ひ、誰々八人今日までに三門に着すべしとて、使者拙者方に一宿ありて帰り給ふとて語り、怪みつゝ僧正に会うて最後の物語りに及ぶ。翌日僧正入寂なり。

これまったく七年前の狐の報恩せるなるべし。予が弟義武、当院の侍なりしがその頃来りて物語りたり。予も狐の玉を所持す、大さ指頭の如く、円く青色なり、少し光沢を帯びて美玉なり、これは死狐の頭の中に得たり、勿論夜光は無し、胙苔の類ならんか云々。

（雲根志）

霊狐譚

霊狐は多くは白色にして、大きさは野狐の半ばにも及ばず、普通の猫ほどで、好んで神祠に住み、野狐のごとく狡滑でなく、またその性習も上品であって霊能がある。世俗に白狐は神の使丁だというけれど、必ずしもそうばかりではない。また白狐にして神祠に住むからとて、ことごとく神丁であるわけもない。彼らは人の尊崇する神祠に住むのが、野山や古屋に住むよりも安全で、また食物にも不自由しないことから、神祠に住み、人間から霊狐と認められているのもたくさんある。

出雲国の東北部の神祠には、昔から他所《よそ》よりは白狐が多く住んでいる。

先年、松江市西茶町の布野某なる青年が同市片原町の稲荷社を信仰していたが、その話によると、白昼に稲荷社の祠後の床下の円孔中をのぞいて見ると、真白い毬のように見える白狐がいつもいるという。

ある夜、この青年が寝ていると表戸を叩く者があるので、起きて戸を開けて見たところ誰もいないで、一疋の白狐が縁下から飛び出でた。戸を閉《た》てて内へ入る時、台所の消炭壺《けしずみつぼ》から発火して、すでに坐板が燃え落ちかけているのを発見して、消しとめた。右の白狐は稲荷神の使者で、失火を予告に来たものであると固く信じられた。

また、松江市の北東二里の枕木山華蔵寺《けぞうじ》の阿保戸老住持の話に、当山の稲荷社には昔から古い白狐がいるが、六十年間に自分が見たのはただ二度であった。寺の馬場を行くのに奇妙な歩きかたをする。杉並木の根元を一本毎にグルグル廻って歩くのが至って軽快で、足がほとんど地に触れぬように見えた。全身は非常に綺麗で雪のごとく白く、一見白兎の子が遊ぶに異らずして、まったく俗気を離れていた云々。(寺の男の話に、ある夜、白狐がしきりに啼くので、火の用心をしていたところ、翌日、山火事があって嵐も吹き、一時は伽藍も危険であった云々)

また明治十年頃、右の枕木山の裏手西南の加賀浦の畑へ、数次白狐が出るので、射撃の巧い猟師が何度も撃ったが、一度もあたらぬ。

弾が飛び出すと同時に、白狐は二、三尺ばかり巧みに身をかわすのが憎いほど上手だ。そこで工夫をして、茶の木の中へ二挺の銃を据え、かねて白狐の現われる地点へむけて照準を取り、出たのを待って射撃した。最初の一発は例によって巧みにはずれ、直ぐに射撃した他の銃の一弾はみごとに命中してこれを倒したが、その日、猟師はがぜん大熱病を煩って、翌日死亡した。(某経験家の説に人の突発する高熱は必ず憑きもののわざだ、試

して見るに一も然らざるは無し云々)

ついでのことに最も怪奇な霊狐譚を紹介する。

◇

昔京都の俳人、八十村路通《ろつう》は芭蕉門下の秀才で、つねに稲荷神を信仰し、毎月一度は深草の社へ参詣するのであった。

ある時、日ごろ同社でよく見かける八十余歳の老僧と言葉を交わしてから懇意になり、その後、おりおり京都へ路通《ろつう》を訪れて清談をした。この老僧、名を宗語《そうご》ということは告げても居所は毫も告げなかった。路通、この老僧と交遊すること三年に及んだが、老僧は数百年前の史実に精通すること驚くばかりで、その談話はすべて実見的であった。

ある日、宗語が訪れて、このたび関東に旅立ちをするが、これが一生の別れになるらしい。明日は瀬多で名残りの小宴を開きたいと言った。

路通は翌日、時刻を早めて瀬多へ行き、茶店で待っていると、むかいの茶店にも、一人の隠士が来ていて、これも宗語を待っていることが知れた。

やがて宗語が旅装束でやって来たので、三人一緒に茶店の一室で酒を汲み交《かわ》すことになったが、酒間に宗語が言うには、今までは隠して言わずにいたが、自分は実は古い狐で年来稲荷の仕者司《ししゃつかさ》を勤め、このたび辞任をした。自分の故郷は江州彦根在の馬淵某の邸内で、主人は自分のことをよく承知だと告げて訣別をして立ち去った。

路通等二人は呆れかえり、実否をたしかめるために、即刻同道で彦根に馬淵氏を訪ね、京都の宗語老僧のことで来たと申し入れると、富農らしい主人が出迎えて一室に請《しよう》じ、老僧よりの御使いとあるからには、さだめし眷属さんでしょうとて、火を新ためて清浄丁寧な接遇《もてなし》に取りかかるので、われわれは狐ではけっしてないとて、京都での次第を詳述したら、主人はおおいに感聴し、おりから四ヶ年も宗語老僧の消息がないので心にかかっていたところだとて、喜んで歓待し、三日間両氏を泊らせ、左のような話をして聞かした。

過年十二歳の一人息子の行方が知れなくなり、夫婦は悲歎をしていると、百五十日を経てヒョコリと無事で帰って来たので、訳を訊ねてみると、老僧に誘われて諸国の神社仏閣名勝旧跡を見てまわったが、その老僧は戸外《かどさき》にいると告げた。

そこで出でみると、竹笠を携えた雲水姿の宗語が立っていたので招き入れ、なにゆえに子供を誘拐されたのかと詰《なじ》ると、自分は当地内の稲荷社に住む狐であるが、この度京都の本山の仕者司《ししやつかさ》の番にあたり、当地を離れねばならぬから、数百年来の住所の恩に謝するため、貴息を連れて国々を巡り、その余力に学文筆跡を教えたのである。近いうちに上京し、一生の別れになるかも知れぬので、貴方の一家親類五十余人を来たる何日に饗応するから暮前に指定の場所へ来たまえ、その時分には地内の社前に火光《あかり》を立てるであろうから、その光りについて来いとのことであった。

人々は奇怪なことと半信半疑で、その日を待っていると、日の暮れがたに約束通り火が見えたので、皆々その火について十町余りも行くと、小寺ほどある見知らぬ庵室がある。それへ行き着くと、老僧が喜んで出迎え座敷へ通したが、台所には数十人前の料理献立が出来ており、袴着の小姓数人の給仕で、精進料理の珍膳美食が侑《すす》められた。

その時、自分は宗語にむかって、貴僧は神通力を以て、日常の塩噌は何ほどでも貯え給うことは自由であろうも、今日のはそれと異り、他《ひと》を貪《むさぼ》り掠《かす》めて、この美食を給うのは不快であると言ったら、老僧は破顔して、自分は他《ひと》の物は少しも掠《かす》め取ることはしない、かねて金銀を貯蓄しておるものだが、その金銀は眷属一千余りが、市中に出でて、売薬をして儲けたのである。今夜の家具飲食はことごとく所有の金銭を以て調えたのである。器具は我れにあって無用に近いから追って贈呈するであろうとの告げであった。

かくてその夜は各人款《よろこ》びを尽して深更におよび、またも火の光りを先頭にして社の前に帰着をしたのであるが、二、三日後に、彼の夜の器財が、夜の内に残らず社前に積みおかれてあった。

この話は路通から直接に聴いた話であると、『諸国里人談』に載せてある。

神使いをする霊狐は、半ば幽体であるのがある、そのようなのは空行も出来る。本文の宗語は、まだ肉体を脱しないものであるらしい。

狐の慧敏性

狐の慧敏な知覚の一例は、白狐の条に銃丸を巧みに避けたことにても知られるが、なお一つの珍談がある。

文政年間、美濃国岩村侯の城下に住む足軽に善九郎という小銃の名射手があった。

その頃、岩村町から程近き大円寺村に、昔からいる首《かしら》だけ黒い一疋の白狐が、人をばかすので村民は恐れていた。そのことを聞いた善九郎は、一つその狐を撃ってやるとて、ある日大円寺村へ行って、所々を捜索すると、山際の岩の蔭から彼狐が、黒い頭だけヌッと出したので、汝善九郎を知らぬかと言いつつ、一発火蓋を切ると、狐は早くも頭を引っこませて弾を避けてから、またもノコリと黒い頭を出した。

善九郎また撃ったが、再び巧みに避けられ、三度目にも同じく馬鹿にされたのでくやしがり、明日の夕方また来るから必ず出よと叫んで帰り来たり、次の日の夕方また行くと、狐も同じく前日のごとく岩の蔭から黒首を出している。

これを見た善九郎は、狙いを定めて一弾放ったところ、またも避けられたので、今度は第二発目を放たんとする瞬間に、足の構えを替えさまに引き金を引いたが、狐はちょうど頭を引っ込めて、すぐまた出すところの図になり、誤たず命中して倒された。

この善九郎、ある時、山から狐の児を生け捕にして持ち帰り、煮て喰ったところ、その夜、親狐が屋根の上へ来て悲しげに啼き立てるので、おのれも撃ってやるとて銃を持ち出したら、狐は逃げ去ったが、ついに善九郎の女房に憑いて種々に狂態を演じさせるようになった。

善九郎は大いに怒り、女房を庭へ引き出して、銃を向けて射撃をしかけると、女房が叫んで、免《ゆる》し玉え、今すぐに落ち去りますとて、庭を狂気のごとくに駆り出したので、その襟首を掴んで地へ投げ倒した。

その時、狐が叫ぶには、まちがいなく落ちるかわりに、今後自分だけは鉄砲で撃たぬように頼みますと哀願した。

そこで善九郎は承知をしたが、一体どうして汝《そち》たるを知るのだと問うたら、鉄砲を向けられた時、かならず後脚《あとあし》を揚げるを印としましょうと答えて、その狐は落ちた。

他日、善九郎が、銃猟から帰る時、田の畦に狐がいたので、銃を向けた所、狐は割合に平然たる態度で、おもむろに歩みながら、振り返って後脚を揚げて見せた。そのとき善九郎は、合点じゃと云いながら、一弾を発してこれを打ち殺した。彼はかくも強性の男であった。

これは狐の話ではないが、ある日善九郎は、銃猟に山へ行くと、同藩士の某に逢ったところ、その人が、今日は雉を打ちそこねる日だ、どうしても雉が人を寄せつけないと談《はな》したら、善九郎が、それはふせ打ちをすると撃てる、やって見せるとて、その侍と同道で麦畑へ行って見ると、はるかの距離に一羽の雉が餌喰《えば》みをしているのが見えた。

善九郎はさっそく銃を構えて狙いをつけると、連れの侍が、ここからではあまりに遠いではないかと危ぶんだら、黙って見ておれとて、一心に雉をねらい、よそ目もくれずに近寄るのに、雉は善九郎の近づくのを見ながら、一向に飛び立つ気色を現わさない。ついに善九郎は雉から五、六間の近くに接近して、一弾の下にこれを獲《と》った。

これは精神物理の応用である。

著者は尾の長い黒猫を飼っていたが、そやつは鼠を獲ることに神技があった。かつて高所にある神棚の鼠を下から見詰めた時の眼光は金精のごとくで、尾をギリリギリリと廻わしているうちに、鼠は神棚から痿《な》えたようになって猫の面前へ堕ちて来たことがあった。

善九郎のふせ打ちもこれと同じ精神術である。知人のT君は川狩りが好きで、去年の夏頃からは河の石の蔭などにいる魚の尾をつまむのは何でもないことになった。従前は指を出すと、ツイと逃げた魚が、いまではいくら指を出しても逃げないようになったと言っている。これもまたこの人の術である。

狐が物を盗奪する時の敏活さの一例を書こう。

文久年間、家翁の若いとき、ある朝、奥の一室にて人と将棋を指していると、縁側にきわめて軽くバサリという音がした。

妙だと思って即座に障子を開けて見たところ、実に早いものだ、縁の上に高く吊り下げてあった大きい一羽の雁がモウなくなっていた。むろん狐が取ったのである。その頃は狐狸が犬猫よりも多い時代で、老猾な狐は白昼に庭先などを徘徊するのは常であった。

その朝近所の下男が一町先から見たのには、家の竹垣の犬の穴から、狐が風呂敷包みのような物を咬えて道路へ飛び出して、向い側の邸内の藪へ這入《はい》ったということであった。

義理の観念

狐は狸と違い、義理の観念があることは、前に書いた備後の三次《みよし》の寺へ集った多くの飢狐が、握飯を喫《く》わなかった事実に徴《ちょう》してもわかるが、ここにも一つ顕著な事例がある。

静岡の西端に瑞龍寺という寺があった。文化四年四月の十八日の早朝に、かねて寺の境内に穴居する狐が、寺の飼い鶏を咬えて逃げ出すところを、寺男が走り出て鶏を取り返した。

その時、住持の主僧が本堂前の広庭へ出て、山の方に向かい大声をもって、オイ狐どもよくわが言葉を聞いておけ、汝らはこの寺の山に年久しく住み、毎日のように食物を貰いおるからは、犬や鶏と同じくこの寺の家畜のようなもので、鶏とは朋輩《ほうはい》ではないか。いかに畜生とはいいながら朋輩を喰おうとする道理があるか。しかるに、ただ今のごとき不道理をする上は、近日中に山内の狐を狩り出して残らず放逐するであろうからそのつもりでおれ、とて狐を叱りつけた。

こえて二日目に、寺の小僧が、墓地にて一疋の狐が死んでいるのを見つけて来たので、寺男が検分に行って見ると、鶏を咬えたかの狐であったが、その狐はどこにも負傷などが見えず、まったく自分で正念往生を遂げたもののように安らかな死相を現わしていた。

そこで、和尚も憐れに思い、香華を供えて厚く葬ってやった。

するとその夜、数匹の狐が寺の坐敷の庭へ来て、銘々に数声づつ啼き立てて去ったのは、和尚に謝詞を述べるのであろうと想像されたという。

このことは、当時ちょうど瑞龍寺に滞在中の大野万斉という人が、記述に残した。

狐がいかにして複雑な人語を解するかと現代人は突っ込むであろうが、それは今日の唯物的学問が、かかる思想を誘起さすようになったのだ。

狐狸の人里に栖《す》むものは、彼等の渡世の必要上、人間や家畜の習性の観察に習熟することを心がけており、老狐のごときはまったく意想外に能力が発達し、人間の意志や言語を透察しまたは理解する力が著しい。

その詳しき説明は、専門の心霊学に譲るべき性質のものだから、ここには書かない、無精な動物たる猫でさえ、古いのは人語を理解すること犬以上だ。犬猫より何倍の智能的頭脳をもつ狐の、人語を解しないわけはない。マーテルリンクが実験したエルヴァーヘルトの馬の、数学力や、文章を蹄の音で綴って表わすその思想の程度から想像しても、獣類は普通の人間とあまりの差のない自然能の所有者たることがわかる。

淫蕩性

狐は淫獣で、美男美女に化けて人を烝《おか》すという伝説は昔から多く、わが国のみならず支那朝鮮にもあり、ことに支那にはすこぶる多い。

狐の烝人行為を事実として考察する時には、狐と人とは心霊素質に共通のあるものがあるとせねばならぬ。動物にして烝人行為を為すは、狐のほかに河童と蛇、まれに猿が伝えられている。いま、狐に関したものを『甲子夜話』から一つ二つを移載する。

野狐、時として人を欺淫《ぎいん》す。婦女これと交るに陰戸痛みに堪えず。時に蕎麦を煎じて洗えば即治すると。吾藩内の熊沢某なる者一婢あり、某頗《すこぶ》るこれを悦ぶ。然れども、その妻妬甚しくて近くことを得ず。因て邸中の樹蔭の小舎に伴いて屡ば密かに交る。狐これを知る。ある日、某に化け彼の婢を小舎に伴う。婢痛みに堪えず、止《やめ》んことを乞えど、能わず。乃《すなは》ち高声して云ふ、主君吾れと交り玉ふ、室君助け玉へと。妻これを聞くと雖も、その良人側にあり、大いに疑い相共に出で丶小舎に至れば、狐は去て、婢のみ居れり。因てその故を問い実を知る。妻、狐の所為《しわざ》なるを知れども、前事を悟り、忿って妬気熾んなりしという。或人曰く、牝狐男子と交るあり、男茎もまた痛みて腐脱す、その治薬また蕎麦宜しといふ。

岩井半四郎（江戸の名優）が弟、ある日向島へ行くとて、小梅の水府別荘の辺を通るとき、芸妓の如きもの立ちて、我住家に誘引せんと云ふ。弟その容色に引かれ何意なく随ひ往けば、甚だ懇情を尽くせり。弟も岩木ならねばまた翌日を約し、是より日々彼所に至り、暁に及んで帰る。その家にはこれを知らず、軽く訊ぬれば、向島なる由告ぐ。しかるに、漸々顔色憔悴したれば、強てその詳細を問ふに、やむことを得ずして実を以て告ぐ。家人正しく野狐ならん、復た往く可らずと戒む。弟曰く、我已に狐なることを知る、然れども離るべからざるの愛情ありと云て聴かず、後ついに髄竭《つく》して死す。その明朝、家人庭を見るに、狐死しあり、思ふに契りたる牝狐ならんとぞ。

防衛的武器

狐の強敵に対して使用する武器は、すべて卑怯的性質を具有している。おもに放屁と猾智と暗示と飛跳力とであるが、比較的弱敵にはまれに歯牙を用いる。ただ老狐は人間をも襲撃して噛むことがある。

かつて松江市の城山の麓にあった師範学校附属小学校の運動場へ、白昼一疋の野狐が現われた。数百人の児童は教師と一緒になり、三方の門を閉じて八方より狐を捕らえんとして追いまわしたが、狐は敏捷に逃げまわって捕らえられない。

ここにおいて犬を一疋連れ込んで狐にけしかけた。

犬は狐を追究して、すでにこれを噛みつきかけ、がぜんキリキリ舞いをしたが、その隙《すき》に狐は走って生徒の袖の下を潜り、木柵を飛びこして、城山の内へ遁れ入った。

犬がキリキリ舞いをしたのは、たぶん伝説どおりに犬に臭屁を放ったらしい。ただし、狐が人間には放屁をめったにしないのは、人間の嗅覚が著しく犬に劣ることのせいらしい。

支那の随筆『酉陽雑俎』に、狐の魅術とも見るべき一奇事を載せている。

劉元鼎、新たに蔡州の太守となり、居庁を修繕するために、食堂を破壊せしめしに、多年堂下に住みたる狐ありて大に暴《あば》れたり。劉、下吏をしてこれを生捕らしめ、更にこれを毬場《まりば》に放ち、犬五、六頭縱《はな》ちてこれを咬殺せしめんとせり。しかるに犬皆逡巡《しりごみ》す。狐もまた自若として走らず。劉大にこれを異《あや》しみ、更に大将某の猟狗及び監軍の自ら誇る巨犬を借り来て、場《じょう》に入らしむるに、皆近づくを得ず。耳を戢めてこれを環守するのみ。狐稍久うして徐《おもむ》ろに庁の台盤《どだいいし》を穿ちて庁後に出で、それより城に及び俄に所在を失ふ。劉また捕えずして止む。

この狐が犬を近よらしめなかった手段は、多分霊能――動物磁気応用の秘術であろうと思われる。

古人の記述

余が同邑《どうゆう》の百姓、二郎兵衛と云ふもの、一夜深更に及びて家に帰る。道に火ありて人火に類せず。胆壮なる男なれば、足音を静めて近づき見れば、一の狐、火把を堤の上に置き、水涸れの小川の魚を拾ひ喰う。二郎兵衛その火把を取り、狐を脅かし走らしめ、家に帰り是を見れば、年経たる牛の脛骨なり。闇夜これを振れば蛍火の如き青き火ボウボウと出でて、いささか道を照すに足れり。狐これを取返さんと百方《いろいろ》すれども得ず。一夜牛放れ出づ。二郎兵衛、例の火把を持出で、牛を捕え牛屋に引入れ、火把を置き繋がんとする内、狐火把を咥えて遁去りぬ。牛の放れたるは、狐のわざなるべし。(ありのまま)

奥州南部の七戸に六里四方の野あり、それに年々の二月の末に狐隊と云ふ事あり、その辺の人は、さざえなど携へて見に行く。およそ空薄曇りたる日なり。あらかじめ窺ふに、狐ども出て飛びあるく様あれば、必らずその日にて、初に二、三十の狐出づるを人々高声にて褒むれば、頓て城廓の形顕はる。これは二丁計りの彼方に見ゆ。さて甲冑を帯び、馬に跨り陣立を為す。およそ二百ばかりに見ゆ、また此方よりしきりに褒声をかけば、やがて諸侯の行列を為すこと再度、一度は松前侯の行粧、一度は津軽侯のさまをまねびたり……。こなたの見る人多くて、声をかくるも繁ければ、彼所の人数も多く花々しく見え、人も声も少なければ寂しとなん。これは重厚正しく視し由語られぬ。（閑田耕筆）

下男吉松が語りけるは、彼が在所にて、家に抱へ置きし馬方に鉄と云ふ者あり。夜の引明に馬を牽きて出でたるに、直に村離れの藪蔭に狐三、四疋寄合いつるみて居たるゆえ、礫《つぶて》を打ちたれば驚きて逃げ失せたり。鉄はそれより遠方へ馬を牽き行き、夜に入り毎《つね》の如く何心なく細道を帰り来るに、大名の通り玉ふに行き逢ひ、久しく片寄りいてようやく通行も過ぎて馬を牽行くに、またまた通り人ありて通路成りかね待ちしほどに、纔か二里ほどの道を二時半ばかり（現代の五時間）かゝりてようやく家に帰りたり。

しかるに、この日、吉松も同じ方へ馬を牽き行き、鉄よりは二里ほど後れて帰るべき順序なりしに、何のさわりもなく鉄より先きに帰りいたり。

鉄はようやくにして帰りたれば事由を尋ねしに、大名の行列などのために後れたり、控えよ控えよと散々に罵られたりと語りしゆえ、それは狐のわざなるぞとて人々笑いたり。

それより皆々寝所に入りしにまもなく、入口をトントンと叩く者ありて、中津屋より来りたり、今より関の方へ行く客三人ありて、馬は他にて二疋需《もと》めたれば一疋出してくれと云ひしゆえ、二人は誰が行くぞと問ふに、助の馬と三の馬なりと答へ、急ぎなりと言ひすて、立去りたり。この問答は雨戸越しなりしが、その音声は後に考えれば、しはがれ声にて舌の短き人の言舌に似たりとぞ。

さて、鉄は馬に餌を懸け、おのれも冷茶にて食事を為し、馬を牽き出して、まづ助の家へ誘ひに行きたるに一向に知らざる由答ふ。中津屋へゆきて見るに寝鎮りて声もなし、起してしかじか故来りしと云ふに、今夜は一人の客もなしと云ふ、それより三の家へも行って尋ぬるに、是も知らずと云ふ。そこでようやく今朝狐に石打ちたれば誑らかされしこと、気付きぬ云々。（吉松も二度ばかり狐に誑されたる由、一度は大嫁入、一度は大名行列なりしが、心得ていたれど、その場には、誠の行列と心得、馬を傍へ引込めて通し遣り後にて残念に思いしと云ふ、このあたりにて大名の通行には半月も前より通報ありて宿の人足どもは悉く知り居る事なるに、斯くも突然の大名行列などに出会はされのだと云ふ）

（想山著聞奇集）

尾州侯徳川清直が津島へ放鷹をしたときに、薬用にするとて狐の生胆を取ることを随従の加島道円に命じた。しかるに道円は急用を生じて家に帰る考えであるけれど、生胆を取る人がほかにいないので思案をしていると、台所の小役人の某が、皮と肉とを賜わるならば、自分が生胆を取りましょうと言ったので、道円は喜んで万事をこの男に依嘱して家に帰った。

彼の台所役人は、その嘱托を狩場にて遂行したところ、やがて清洲の自宅の妻女に狐の亡霊が憑いて騒ぎが起った。狐は女房を取り殺すとわめくので、人々駆けつけて、汝はお門違いをしておる。

生胆を取ったものは亭主であるに、罪のない妻を悩ますとは何事ぞと責めたら、亭主に恨みがあるけれど、我が肉をも喰うほどの剛気人であるので取りつかれぬ、よって妻を殺すのであると答えた。

そこで清直公が、真島権左衛門という智者を派遣して、狐を慰撫させた。権左衛門は狐にむかい、このたびのことは、汝の体を薬にして諸人の病気を助けるためであるから、汝の名誉である、決して恨むなと諭したら、狐大いにあやまり、畜類にして国守の厳命を承ること有難しと言ってたちまち脱却をした。（新著聞集）

亡友某の話に、嘗《かつ》て上毛に在りしとき、九月の比《ころ》、降りつゞきたる雨晴れ上りければ、茸狩のため友人両三輩を誘ひ、田の中の捷径を行くに、野狐ありて何事やらん専念に為すを見つ。近く寄りてよくこれを見るに、この狐、一条《ひとすじ》の枯芦を弄《まさぐ》りて、畔《あぜ》に散りたる柿の葉を拾いて此芦へ貫くなりけり。人々は怪み、掛稲の蔭に潜りて垣間見たるに狐はとも知らざる如く、同じわざを累《かさ》ねしが、忽ちに見失いぬ。

よしなきもの見んとて日を傾かしめたることの口惜しきをかこちてまた二、三町行くに、向かひなる独木橋のほとりに微妙《いみじ》く臈《ろう》たけたる女の、色濃き楓の一枝を肩して立てり。ここらに見るべからざる女なれば、疑ひもなく今の野狐の化けたるならめて察し、手々に石塊などを取りて、いしくも妖《ば》けぬるよ、いかで吾等を妖かし得んと罵りつつ、礫《つぶて》をいらいらと打かけしかば、美女は甚《いた》く驚きて、田の中五段ばかりもや飛行きけん、やがて右方の小松山へ走り登るときは、元の狐になりて後方を見かへりつゝ、叢の中に入りぬ。

（燕石雑志）

狐の妖魅を為すこと和漢珍しからず。我れ雪中には、あかりを取らんため二階の窓のもとにて書案に寄る。ある時故人鵬斎先生より菓子一折を贈らる。その夜寝んとする時、狐害を慮り、菓子折を紵縄にて縛り天井高く吊り置きたり。さて朝に見れば、くゝしたる縄は依然として元の如くにて、菓子折は人の置きたるやうに書案の上にあり、披き見れば、覆ひたる紙もそのまゝにて、中なる菓子は無し、その妖不思議なり。ある時は猫の声を為して猫を呼出して淫し且喰う。老狐は婦女を妖して犯す、犯されし女は必ず髪を乱しその所に臥して熟睡せるが如し、その由を尋ぬれども一人も仔細を語りし女なし。皆前後も知らずと云ふ。知らざるにはあるまじけれど、事を恥じて言はざるならん。（北越雪譜）

守興和尚の話に、是も増上寺（江戸芝増上寺）にて、和尚留学の寮の傍輩の若僧に、狐憑きてその所作女の態《ふ》りに成りぬ。主僧に対いて謂へらく、吾れは隣舎の庭の小祠に住みしものなるが、寮主、祠を毀ち捨られしかば住むべき所なし、哀れ御庭に型ばかりの物調《しつら》ひて賜へと請う。

主僧諾してその素性を問へば、もと洛西久世の者なり、数百歳の先き此地に来り、名は花崎と申す也と云ふ。然らば自ら名を書くべし、それを鳥居の額にせんとあるに、物書くこと叶はず、されども手本を賜はば書き候はんと云ふままに、花崎社と三字書きて与へたれば、夫を見て直に書きたるが寮主の手蹟に優ること遠し。

扨《さて》また乞ふらく、月の朔望には一飯を与へ給へ、吾れは喰ふに及ばずと雖も、眷属どものために施すなりと言へり。一盃の飯を許多に施し、はた一月に両回にて足り、自らは喰ふに及ばずといへる、皆怪しと詰問せられしに、人間とは異りとのみ言いしとかや。小祠成就し、彼の書けるものは額にして今も有りとなん。凡数百年の狐は、気ばかりにて形は無しと覚ぼし。（閑田耕筆）

江戸小石川伝通院誉覚上人、京都より下向の道連れの僧あり。名を伯蔵と云へり。即ち伝通院の会下《えげ》に属して学文す。毎度の法問に前日よりその語を知りて一度もおくれを取らず、如何さまにたゞものに非らず、衆僧希有に思ひける。

一日熟睡し狐の性をあらはせり。是を恥じてや夫より逐電してけるが、猶《なほ》当山の内に在《あり》て夜毎に所化寮に徘徊し、外面より法を論じけるなり。此伯蔵の著述の書物一櫃ばかり今にありとぞ、その頃は人にも貸し写させなどしけるが、今見れば誠の文字にあらずと有り、寛永の頃まで存命なりしなり。今伯蔵主稲荷と稱して鎮守とす、元来此狐は下総国飯沼にありしと也。（諸国里人談）

昔、駿府の御城に、うば狐と言伝へし狐あり。人これに手巾《てぬぐひ》を与ふれば、それを被ぶりて舞ひしが、声ばかりして形は見へず。ただ手巾空に飜転して廻舞のやうを見せしほどに、人々興に入りけり。人手巾を与ふる時に受取る形は見えねども、もたる手を物のすりて通るやうに覚えて、そのまま取りて行きける。若き人渡さじとわざとあらがふに、何と堅く持ちても取られぬと云ふことなし。（駿台雑話）

仙台領の武人、梅津河右衛門が、夏のある夜、一人の朋輩をつれて生魚捕りのため投網をさげて、マコ澤の方へ川伝いに網を打ちながら堤防を前進するとき、両岸に狐火がおびただしく燃《とも》っていた。

両人はとある地点で、むこうから松明をともして魚漁る人間が一人出て来たが、その松明の火は、焔《ほのお》が上に立つけれど、下へ落ちる余燼がないので、怪しい火だと見て用心して行くと、先方からも接近して来たが、その松明の火のさまがいかにも変だと思って、その

間一間ばかりに迫ったところ、彼のものは俄然《がぜん》姿が掻き消すごとくに見えなくなり、火ばかり空中を飛んで岡の上へ逃げ往いたので、狐が化けて近寄り、両人の漁獲している年魚《あゆ》を奪いそこねたものと知らされた。(奥州波奈志)

狐火は小雨など降る夜は多く燈すことに御座候。ある夜五十も百も並び、夥しく燈して向ふより来り候。私思ひ候には、如何なる術にて燈し候か、近寄るのを待ちて窺ひい見顕はさんと存じ、此時も小雨降り候へども、傘をしぼめ田へ下り、稲の中に隠れて見候に、火は段々と近より候。すぐ側にてよく見申候に、何もなく火ばかり幾つも自然に行き申候。十ばかりも行き過ぎたる所にて、声も限りに大声してヤイと云ひて、路へ飛出で候へば、狐も思いよらざらしにや、誠に仰天して、足元にて一声夥しきさまにクワイと声を限りに啼きて数十の火一度に消え失せて、跡《あと》は真の暗《やみ》に成り申候。私も狐の大声に驚き申候て、傘にて一つ二つ、盲打ちに打ち候へども、何も当り申さず候。それより馬の骨どもあるかと近辺を探り見るも何も当り申さず。

宅へ帰りて提燈を燈し、畑中の近道を駆け行きてよく見申候に何もなく、それより帰る路につき候ところ、そこより二丁余も脇の方、家居並びある所の広き道路一丁余りの所に、馬の骨何十となく打捨て御座候。されば全く、諺の通りこれを咥えて火を燃す事と思はれ候。然かれども、また如何なる事にて此所までその骨を咥え来りて捨申候也、合点ゆき申さず。並にこの骨の有様にては数十疋寄合い燈しゆく事と見え申候。馬の骨もあの様に多く近辺には御座なく候。何所より来り申候か、くれぐれも合点の行かぬ事に候と語れり。

（想山著聞奇集）

岡山城主の浮田中納言秀家の一人娘にあるとき狐が憑いて種々に狂気めいた言動を演出し、いかに手段を施しても狐が落ちないので、さすがの秀家も懊悩に日を暮らし、ついに太閤へ出仕する気にもなれず、長いあいだ欠勤をした。

太閤がそのことを聞き、ある日、秀家にその娘を連れて登城させ、自分の面前に坐せしめて、「狐、落ちよ」とただ一言を発したところ、ただちに狐が落ちたが、その落ち去るときに大いに泣き崩れて言うことには、身は八裂きにされても落ちぬ覚悟であったけれど、もし落ちないときには、中国西国へ令して、大仕掛けの狐狩りをする殿下の心であるから、自分のために無数の仲間が殺されるのも嫌なれば、やむをえず落つるのだと掻き口説いた。

（雑談集）

狸と貉

解説

狸《たぬき》およびその同族たる貉《むじな》は狐と等しく、わが国にて古来妖獣の一流者として怪物相場を定められているが、その繁殖力は狐に劣り、また姦獪《かんかい》なことや食慾や性慾やもまた狐ほどにないから、その状貌もおのずから狐ほどに嫌味がなく、むしろ可愛らしく滑稽である。動物学者や動物園の管理者等が、この日本特産の珍獣に親しむのあまりに、古来狸は魔獣たるの冤罪を受けたりなどと、これに一抹の同情心を寄せるのも、もっとものことである。（狸と貉は非常によく類似の体貌を有し、素人では区別がつかぬという）

しかしながら、狸の老いたるものは貉とともに、老狐の人を魅惑するに似たる邪力を人間に投じうる野獣である。

今日わが国にて、都鄙《とひ》一般に狐狸族の減少したことは著しい中に、とくに狸はこのままにては絶種するのおそれあるまでに少くなっており、自然その魅惑力を実地に研究することは至難である。

ことにまた、種属の衰弱に瀕した動物の原則としてその精神作用も、生理力もひとしく古えよりも衰微をしていることも、われらの研究の支障となっている。

本編に収録した狸および貉の事例の大部分が、明治前のものに係るのは余儀ないことである。

狸（以下たんに狸と書くのも貉《むじな》を含んだと解せられたい）が人間に加える悪戯《いたずら》の性質は、狐のそれとは自から相違している。狐の行為には陰険味が含まれるけれど、狸のは徹頭徹尾、茶目式であるようだ。

著者の郷里の野中氏では、近所に栖《す》む狸が白昼に台所へ来て、焚火している割木《まき》を咬《くわ》えて床の下に這入《はい》りこんだことが何度もあった。人が騒ぐのを興《おもしろ》がってやることである。後に騒ぐのを慎んでいるようになってからはやめたという。また著者の母の生家では、出入りの老婆某について来る古狸がよく器物を隠匿して人を困らしたことがある。狸はその悪戯《いたずら》の一点から考えると、かなり智能者であるらしいけれど、物の理解力ははるかに狐に劣っている。

俗に狐憑きは理をもって責め得るも、狸憑きは理責めにかからぬというのも経験上のことらしい。狸は狐に比し、たしかに愚物である。

事例

古本屋をまもる

大正八年、京都の五条警察署の上手、八坂神社近くの和本の古本屋磯淵某方へ探書に行って見ると、女主人に一匹の大猫がついて出て膝元へ坐った。

この女主人は四十歳ばかりの丸顔の大柄の婦人であったが、一見陰気臭く、奇怪にもその面貌に狸の気配が直覚された。ただし狸に似た容貌ではけっしてないのであった。

著者はしばらく古本を調べてから、ちょっと腰をおろして雑話をはじめたが、女主人はかの猫を指して、私の家には猫は育たぬのに、こやつは不思議に無事でいてよく益《ため》をします。私は独身者《ひとりもの》で、毎日のように半日位は戸を閉《た》て出かけるのに、ちょっとした良い留守番をしてくれます。帰って見ると、はじめから火鉢の横に敷いてある布団の上に坐ったきり、すこしも外へ行かずに番をしており、それに人の言葉をよく聴き分けて悧巧な猫です。

それからまた私の家には別にタヌがおって、私を保護してくれますと言った。

タヌの一言に耳をそばだてた著者は、タヌとは何ですかと訊ねると、狸のことです、妙な来歴がありますと答えて、如才なく左の事実を語ってくれた。

○猫に化ける狸

家《うち》は以前にはここから少し上手で、今は空地《あきち》になっていますが、そこのかなり大きい古い家でした。

最初は貸家であったので、種々な人が住まって見たけれど一人として永続きができず、中には三日目や四日目にあわてて出て行きますので、近所では狸屋敷だの、化物屋敷だのと言い出し、家賃もドッサリ下りましたから何が出ようと構わんと言って、私の父親の八太郎が借りて住みましたところ、別に何のこともないので、どうしたもので、今まで他人がいつかなかったのだろうと不審に思い、前に住んだ人に会って訊ねて見ようと思っても、どこに転宅をしたのか、さっぱりわからず、ようやくのことタッタ一人、私方のツイ前に借りていた人に会うて訊きますと、ある夜、寝床から起きて煙草を吸おうと思い、煙管《きせる》で火盆を引き寄せようとすると、次の室《へや》から、炭団《たどん》が火の玉になって独りで転げて来たので、翌日他へ逃出した、とのことを聞いただけでした。

私方ではそんな恐しいものは一度も出ませぬが、ただ夜になると、どこからともなく、裏の庭から縁側の上へ、よく猫が来るのでした。

私の一家は誰も活物《いきもの》が好きですから、猫が来たのを知ると、必ず魚の切れを投げてやるのが習慣になりましたが、奇妙なことには、私どもが起《た》って縁側へ出ると、猫はフイと庭へ飛び下りる。どんなに早く障子を開けて縁へ出て見ても、二度と姿が見えません。縁側の下は板で囲ってあって、床の下へ潜る穴は一つもないし、庭にも別に隠れる場所もなし、また猫が庭の板壁を飛び超えて裏へ逃げた形跡などもかつてないので、これだけは家の不思議になっていました。

またもう一つの不思議は、猫は全身真白なのと、白と黒との斑《ぶち》の二匹が来るのですが、斑の猫は、出るたびごとに斑の紋様が違うのです。頭が黒くて胴が白かったり、尾が黒くて頭が白かったり、または頭と尾とが白くて胴に黒斑があったり、それはそれは奇妙でした。

父親もこれは変だなアと言い出しましたが、このほかには何の奇怪も不都合もないのですから、安心して住《すま》っていると、ある夜、父が夢を見たそうで、翌朝、私どもにむかってオイ昨宵《ゆうべ》枕上《まくらもと》に立ったが、猫ではないぞ狸《たぬ》だぞよと言いました。

それから父は、狸の怒りにふれてはならぬ、何でも食物をやって機嫌を取るのだとて、来るたびに食物をやるのでしたから、後には磯淵は狸を飼っていると言われ出し、父は『八狸』という綽名をつけられました。

○傘の出没

しかるに、おいおいと家に怪異《ふしぎ》が出るようになりました。もっとも怪異といっても、禍いではありません。悪戯《じょうだん》や利益《ため》になる怪異なのです。一例を申すと、今が今までそこにあった物がとつぜん見えなくなったり、またとつぜん現われたりすることですが、これは狸のせいだと思うから別に恐れはしません。

また家族の誰かがよそ行《い》きをする時に、とつぜんと雨傘が出てきます。今日はお天気で雨など降る日ではなさそうなのに、誰が傘を出したのか邪魔くさいといって、傘棚へ上げて出て行くと、その日に雨が降り出して帰りに難儀をする。また反対に雨の降りそうな日に傘の用意をすると、いつとなく傘が見えなくなっているので、やむを得ませんからほかの傘を持って出て行くと、後でアカアカと照りつく晴天となるというようなことが何度もありましたので、後には怪異の心を知って、晴雨の外出にたいそう便利を感じました。

○保険屋の閉口

ある日、大阪で、生命保険の勧誘員をしている下村という若い人がみえまして、オイ近頃八狸の評判がだいぶ高くなって大阪へも知れてきたが、今の世に狐だの狸だのと、そんなばかばかしい迷信に捉えられてすむものか、この家で傘が出たり隠れたりするナンテ、それは老人どもが、いま自分がしたことを忘れて、それを怪異《ふしぎ》と思って騒ぐのだ。雨が降ったりやんだりするのは、傘の出たり引っ込んだりするのに偶然的合《てきごう》したのに過ぎない。狸などの野獣が第一、都会の市街に住むなんて道理があるものかとて、私や母やを大貶《おおくさ》しに貶して立ち帰ろうとすると、その人の靴の片つらがどこへどうなったか見えないので、下駄を借りたいと言われます。

私らは総がかりで捜したが見つかりません。この時は父は亡くなっており、私ら母子三人みな女ばかりで、下駄を貸そうにも男の履物がないので皆が困りましたが、母がヒョイと裏口の雪隠の屋根の上を見て、オヤオヤあそこに靴が一つある、あれではないかと指しますから下村さんは、それだそれだと言って、竹棹で取りました。下村さんはこの一件で閉口し、自分が狸を貶《けな》したので仇を打たれたと頭を搔《か》いて行きました。

○飼猫が皆死ぬる

私方はその家に十三年ばかり住みましたが、誰も一度もたしかに狸の正体を見た者がありませぬ。

ただ何年も何年も、例の裏から縁へ来る猫の姿をチラリと見かけるばかりです。ただし、自分の家の飼猫ではないのでなんとなく物足らない気持ちがするから、他から飼猫を譲り受けて何度も飼って見ましたが、どの猫もみな黄色い唾を吐いて死ぬるのです。

猫が黄色い唾を吐くようになっては、どんな獣医の治療にかけても回復しないといいますが、私方《わたくしかた》にて飼猫の育たぬのは一つの謎でありましたが、現在の家へ来てからは飼猫が無事です。

○汽車の遭難を免る

明治三十八年のことです。ある日、大津市へ上《のぼ》り一番の汽車で行こうとして出る時に、前夜寝るおりに、たしかに用箪笥《ようだんす》の小抽斗《こひきだし》に容れて錠を下ろして置いた懐中がどうしても見えませぬので、あれやこれやと捜すために隙《ひま》が入り、ついに一番汽車の時間にはぐれました。

なにも泥棒のはいったではないし、私が他へ入れたのではないし、実に不思議千万でした。あまりに捜しあぐんで、またもちょっと用箪笥の小抽斗を抜いてなかを見ますと、まったく妙です、チャンとそこにあるのでしたから、憎い奴だ、狸が邪魔をしくさったと小言をつきながら停車場へゆき、上《のぼ》り二番に乗りましたが、時間が来てもなかなか発車をしませぬ。

わけを聴くと吃驚《びっくり》しました。上り一番が大谷駅の手前で転覆して即死が十三人、怪我人も数十人から出来たので大混雑中であると知りましたから、狸が懐中を隠して、私を汽車の遭難から救ってくれましたと気づいたのです。

ただ今、この家に移転してからは、狸のせいと思われることもなく、この飼猫の外に、猫らしいものは他から一疋も来ませぬから、狸は、元の屋敷つきの怪異であると思います。

この日にこの女主人の若江女史が語ったことは、誇張も虚偽も竄入する隙《すき》のないもので、他にも種々と珍談があった。

人間を嘲罵する

狐狸が化けるということを、人間の幻覚説にする学者には叱られるだろうが、霊怪妖異の中には実在事もあるという見地に立っては、見逃しのならぬ話料として、化けない狸が、人語を以て人を罵言したということを収録する。もとより現代のことではなく、約八十年近く前のことで、ある老媼の偽《いつわ》らざる告白による怪事であるから、読者はそのつもりで読まれたい。

著者の母の生家河野方へ出入りをする老婆はミサという独身者で、六、七丁を隔てた藩士三宅氏邸内の長屋に住んでおり、その長屋に古くから一疋の狸がおって、ミサ婆とかなり仲好しであったが、婆さんは三日にあげず河野方へ来て、雑魚《ざこ》の使いあまりや大きい魚のアラなどを、手桶や手籠にドッサリ盛り込んで貰って帰るのがつねであったので(同家は平素魚鳥の到来品の多い家であった)なぜいつもそのようにたくさん持ち帰るかと訊ねると家《うち》の外道《げどう》にも食べさせますからと言った。

この婆さんが、時おり外道の腕白について告《つ》げ口をすると、婆さんが帰って来た時に、狸は必ず婆さんを詰《なじ》って、その口の悪いのを責めたものだ。また狸はおりおり婆さんに随行して河野方へ来ると見え、不意に狸の十八番の悪戯《いたずら》をやって人々を困らせた。

その悪戯というのは、使用中の台所器具を隠匿するのがお定りであった。タッタ今そこにあった火吹竹とか火箸とか、あるいは鰹掻きとかがとつぜん行衛《ゆくえ》が知れなくなり、家の内を捜し廻って騒ぎしておる最中に、元の場所にヒョコリと出現するというの類であった。

時としてはミサ婆さんの来ない時にもこの物匿しが演出される、と、やがて婆さんがやって来たもので、狸が婆さんの前駆に来ることもあった。

婆さんはある日、来て、自分方の母屋《おもや》で下のごときことがあったとて笑い話をして聴かせた。

三宅氏の主人が風呂に入っていると、その母親が来て火を焚いていた。そこへ狸が出て来てのぞいたので、主人が大声で、また出て来たと叱って赤裸で追う擬勢《まね》をして風呂の外へ飛び出したら、狸は同家の台所の横の物置きになっている天井裏へ逃げ登りさま、人語をもって、人間てものは馬鹿な奴だ、親の前でも、振珍《ふりちん》でと嘲《あざ》けったので、三宅氏母子は苦笑した云々。

昔の物語本などに、馬や猫の人語を為したことが詳記してあるところを見るが、マンザラ虚事ばかりでもなさそうだ。人間に昵近《じっこん》の獣の老甲者《ろうこうしゃ》は、人語を為し得るものがあるとせねばならぬ。

彼らの人語は、実地の人語であるか、または暗示を使用した幻音か、そこは何とも言えぬことであるも、とにかく動物の精神の働きになることであるのは争われぬ。

◇

ついでに馬が人語を為した事実を書こう。

天保九年四月八日、東海道藤沢宿の馬が荷物をつけて大磯へ向う途中、ケハイ坂まで行くと、大磯から権吉なる馬士《まご》が荷馬を連れて来て荷の交換を申し込み、藤沢の馬士《まご》も承知して、両方が荷を着け換《つか》えたところ、権吉の運んで来た荷物が馬鹿に重いので、藤沢の馬士が、これは重過ぎてわれらの馬には堪えないから交換を中止すると言った。

この時、権吉が何か答えようとする前に、権吉の馬が突如人語をもって『毎日毎日重荷を背負《しょわ》せる末の冥利が悪かんべい』と分明に言った。

この言葉は両方の馬士《まご》のほかにも確かに聞き取った人もあっておおいに驚かれ、そこらじゅうの評判となった。

権吉という馬士はかねて慳貪で評判の悪い人間で、平常の着荷《つけに》を得《と》るのに、なるべく容積《かさ》が小さくて重量の多いのを撰み取り、二駄分の賃を貪って一駄につけるから、その馬の苦しむことはおびただしくあったのだ。彼は馬の人語を聞いてから即日他所へ逐電《ちくでん》してしまった。

名古屋の三好想山が、江戸から帰国のとき大磯を通ったのが十日の夕方で、そこで馬の人語のことを耳にしたので、小田原から傭《やと》って来た馬士《まご》の千之丞というをして、虚実如何を調べさせに、わざわざ大磯宿の権吉方へ行かせて見ると、馬屋には注連《しめ》が張られ一人の法印が来て祈っているところであったと報告をした。

また想山は、この地で、平塚村北半里のマサ村の材木商治右衛門なる者の飼馬の人語をなした事蹟をも聞いた。

治右衛門の忰の錠五郎《じょうごろう》は、気の荒い人間で、無体に飼馬を虐待するのであったが、ある夜、その老母が手水に立って厩の前を通ると、鹿毛の馬が、毎日の荷の重いのは太儀にもないが、この家《や》の息子に毎日腹を蹴られるのが辛いと言ったので、母親は驚き恐れ、爾来この馬は楽な方面に差し向けることにした。

錠五郎は平素彼の馬に一駄半または二駄の荷をつけ、わずかのことにでも直《じ》きに馬の腹を蹴る癖があったとのことを、錠五郎と友達の馬士の谷五郎というのから直接に聞いたと記してある。

動物が人語を為《な》すのは、幽鬼が憑いて為すのであるという説もあるが、そうとばかりも定められぬ。

柳田國男氏の話に、氏の母堂が若い時に、その頃信州飯田の某方の飼猫が『干鰯《ごまめ》くれ』と言ったという話を聴かされた。

人語の意味を解しない九官鳥が巧みに種々の人語を模倣することを思わば、人情や人語を解する老獪な野獣が人語を為すのは、強いて怪異視する価値はないかもしれない。

明治十二、三年頃、家翁が出雲国能義郡比田村に行った時、農家に飼ってある深山鴫が、分明に『嬶《かかあ》、餌《え》がない』と鳴いたのを聴いた、その時に彼の籠の中には餌がなくなっていた。もっとも、この鳥は餌の欠乏をしている時に、時々この啼き方をするのであったというから、この語の意味を知っていたかも知れない。

箱を踊らせる

わが曾祖父時代に、近所に老狸が棲んでいて、よくいたずらをした。

その頃、幅三間ばかりの堀を隔てた裏向いの親戚の鈴村家に、二十歳ばかりの病身娘があって、時々、堀の一本橋を渡って著者方へ遊びに来たのであるが、ある日の晩方に、その娘が橋を渡って来て、竹藪の際《きわ》にある柿の木に靠《もた》れて物思わしげに立っていた姿を、友達であった著者の大叔母が見た。翌日に聴けば、その日は病気が重く一歩も室外に出たものではないことが知れて、奴が化けたのだと知られた。

またある夜、わが家の老刀自《ろうとじ》が一人で留守居をして、行燈《あんどん》の前で、木綿車にかかって糸を紡《つむ》いでいると、側にあったくだ箱が、こつぜん独《ひと》りで転覆して中の物をぜんぶ抛《ほう》り出し、空箱になってから、二尺ばかり空中へ浮揚して踊り出した。

老刀自は剛胆な婦人であったので、一瞥を与えたのみで静かに木綿唄を唄い出し、箱の踊りに調子を合わせて車を廻わしていると、やがて箱の下から淡黒い四ツ足の体躯が現われて、長い尾を畳に引きずりながら後肢で立って踊るのが見える。まったく狸が箱をかぶって踊るのであった。

最初は狸の胴体が見えないで箱ばかり見えていたのも妙であったが、察せられたところでは、はじめ狸は老刀自を驚かす考えで、隠身の法を使って箱ばかり踊らせたところ、刀自が驚かないのみか、かえって唄で合わせるので、狸も興に入り、しまいにその肉身を露出したらしい。

また他のある夜、老刀自が一人留守居をしてお針をしているうちに、とつぜん行燈《あんどん》が消えたので、燧石箱《ひうちばこ》を取りに台所へ往いたところ、闇中に額を柱に打ちあてたら、そばでクスクスと嘲笑するような声が聞こえたそうだ。

老狸の隠形《おんぎょう》の術ということを現代人にいうには、気づらい思いがあるから、傍証事として、現代にも怪獣のあることを紹介しよう。

埼玉県浦和町の実業家佐藤氏の談に、氏がある日知人某を訪問して座敷で談話中、五円紙幣の二つ折りにしたのが、次の室《へや》から出て来て、畳の上三寸ほどの空中をひとりで走って主人の膝の上に来ると、主人はそれを手に受けて、背向きになってなにかするさまであった。

佐藤氏は奇怪に思い、貴君の評判の不良なことはかねて耳にしたが、今の紙幣はいったいどうしたものかと詰問したら、主人は苦笑をして、見られた上は自白する。われが使う尾崎狐が咬えて来てくれたのだと告げた。

動物たるものが、白昼に人前に徘徊してその肉体を人眼に見せないということは、常人のとうてい信じ難い事態ではあるが、生理学や物理学では否認すべきことであっても、事実であるから真の権威である。

人間の五官は人間だけの機能にしかならぬもので、その視力聴力嗅力などは概して鳥獣よりもはるかに劣っている。

犬や馬は、人の視覚に入らぬ霊怪の形象を見て騒ぐことが西洋の心霊研究家によって実験されている。人の何物も見得ない空中を撮影して幽霊が写真にうつるのは、人眼の力の貧弱が立証される。

尾崎狐（別称クダ狐）に限らず、山陰道の西部に住む人狐《ひときつね》なる一種小型の邪獣も、人の視覚を封鎖して自己を隠形にする術がある。

古《いにし》えの忍術修行者の話の書いたものを読んだことがあったが、それによると、今日の催眠術とは別種の法術で、人体を無色透明のガス体ごときものに見せることが可能である。もっとも、その位置を知る人が凝視をする時は、微《かす》かに影のごとくに淡々髣髴《たんたんほうふつ》の観があるも、無心の人の眼には何物も見えないほどだとある。

日田の風流狸

豊後国日田町には明治初年に有名な老狸があって、よく同地の老大家の五岳先生なる人に化《ば》けて他を訪問するのが十八番芸であるが、この狸が化けるのはこのことばかりでその他のものには一度も化けたことがない。また彼は風流韻事の席へのみ化《ば》け五岳となって現われるのだから、土地の人はこれに風流狸の綽名《あだな》を与えていた。

詩人墨客が一堂に集合して雑談の際に、誰か「モウ先生が来そうなものだが」とでも言うと、やがて狸の五岳先生が悠々として歩み来るのが例であった。

しかるにこの狸の五岳先生は、人語を為すことはできないので、いつも無言で縁側に坐わるのだが、人語は為さないでも、人語はよく解し得るのだから、怯《おめ》ず臆《おく》せず人中に伍して得意の色があった。

もっとも滑稽であったのは、明月の夜、真の五岳先生の来ている座敷の末端へ狸の先生が出て来たことがあった。

その時、他郷からの来客が狸の先生を生け捕りにしようとて犇《ひしめ》いたのであったが、土地の人々がそれを制し、捕えても何の益もなし、害をなさぬ名物狸だから放任しておくがよいと言った。

このおりの騒ぎに驚いて、狸の先生は愴惶として庭へ逃げ下りたのはおかしかったという。他郷の人は後刻また現われたら、書《しょ》を書かせて困らしてやれなどと言ったが、それも土地の人々から制止された。

ある時、伊予の今治《いまばり》から木原直三郎という人が、日田の門閥家の千原氏を訪問して数十日間滞在し同家所蔵の珍書古器物類を賞観していたところ、ある日白昼、両人会談の座敷へ、庭の方から、白髯を垂れた五岳先生が現われて来て縁側に近づいた。

その時主人の千原氏が恭敬な態度で、先生お越しですかと低頭をして迎えたが、なぜか先生は上らずに無言にて立ち去った。木原氏は後で今のは狸の先生だと告げられて非常に驚いたという。
このことは木原氏の家族の実話だから信じてよろしい。

巧妙に逃げる

一昨年の秋、摂津国豊能郡の奥の丹波境の枳根《きね》荘《しょう》村の小学校で聴いたのは、同校の分教場が約一里の大字天王にあって夜分には狸がよく出る。教員が宿直室にて就褥すると、廊下の方からスットコトンときまり切った足拍子おかしくやって来て、宿直室の隣りの教場を同じ足音で廻り歩くから、宿直員が姿を見てやろうと思い、とっさに起き上って戸を開けてみるとモウ何もいない。

次の度《たび》には、寝たさまをして静かにして起きて坐っていると、それを知ってかやって来ぬから、断念して寝床に入るとやがてスットコトンでやって来る。

そこで非常に密やかに起き上らうとして、まず頭を枕から離すと、それでモウ逃げ果せるから、誰人もまだスットコトンの本尊の姿を見届けたものはいないという。

どうして奴がかくも人の隠微を知るかと怪しむは野暮だ。狐狸はそのような能力を先天的に具有したのがある。この能力は心霊肯定家の認める透視能力なるもので、遺憾にも今の科学では説明のできぬ怪事であるが、精神科学ではこの理法はきわめて明白である。

狐憑きが一室にいて門外の事などを眼に見ているもののように透知するのも、精神物理の習熟者が未来の出来事を透視的に予言するのも、ことごとくこの理である。狐狸だからできる、人間だからできないというのではない。また人間にできても狐狸にはできるわけがないという理もない。

見方によっては狐狸も人間もみな脊椎動物で、内的価値は五十歩百歩のものだ。

絵師を驚かした狸

これはかなり世に知られた化狸事件である。

四条派の名画手たる京都の幸野楳嶺《こうのばいれい》が、明治九年の秋、近江国八幡町の豪商岡田小三郎方へ招聘されて行き毎日揮毫《きごう》をして越年をしたのであったが、画伯がこの家へ来て三日目に珍事が起った。

それは当夜、山海の珍味で芸妓まで招いて歓待されて後、書伯はその居室と定められた離れ座敷へ就寝すべく送られた。その離れ座敷は、二個の土蔵の間に数奇を凝らした新座敷で、昼間は毎日ここで絵を描き、夜は母屋へ出て遊ぶのであった。

画伯は離れ座敷で一睡して、渇《かわき》を覚えて目が覚め、枕元にある水差しの水を飲んだが、便意を催したので起き上ろうとして夜具をはねのけると、面前の襖の際《きわ》の有明行燈の横に何者か坐っているのが眼についた。

やや驚いて老眼を擦《こす》って熟視をすると、こは如何《いか》なこと、頭は四斗樽《よんとだる》ほどあって、丼鉢大の二個の眼がクルクルと光り、やがてパクリと口を開けたが、熟した大西瓜を真二ツに割ったようで、頭には宝冠を戴いている閻魔大王が画伯を睨まえている。

これを見た画伯は酔も一時に消え、恐ろしさのあまり人を呼ぼうにも声が出ず、すぐに布団を被ったが、飛びかかって来たら如何はせんと生きた心地もしなかった。

けれど恐いもの見たさで、しばらくして密に頭を出してみると、閻魔大王は悠々閑々、自若として少しも動かないで元の通りに坐っているので、かえって一層恐ろしさが増して来た。

しかるにそこが画伯たるゆえんで、恐いながらも、もしこれが真の閻魔大王ならば画料のためによく見て置こうと思い、胆を太くして熟々と眺めて見ると、いっそう驚きが加わった。

今までは頭ばかりに気を取られ、躯の方へは眼が届かなかったが、上から段々と見下して行くと、威厳の備わった大頭の割合に躯は不似合に細かい。ちょうど七、八歳の小児の体格で、おまけに判然とはわからないが、素肌に鼠色の褞袍《どてら》を着て、どう見てもポンチの閻魔様だったから思わずクスクスと笑った。

笑われてから大王はノコノコ動き出したので、今度はいよいよ飛びかかるのかと思い、またも布団の下深くもぐり込んで縮み上り、ふとんの端を押えて冷汗に濡れ、長い思いをして夜の明けるのを待つと、ようやく母屋が起きて雨戸を繰り開ける音が聞えたので、ソ

ッと布団の端を上げて窺い見ると、すでに閻魔大王は退散していたから、飛び出して廊下づたいに母屋へ駆け込んだ。

ちょうどその時、主人が起き出た所であったが、画伯は物を言おうにも声が出ないので握り拳で胸を叩いた。その顔色は死人のごとく、呼吸もつまっているようなので、主人が心配して先生お加減でも悪いですかと言うと、画伯は手を振ってようやくのことに夜前の怪異を告げた。

主人は聞いて横手を打ち、『八助、また悪戯《わるさ》をしよったな。だが奴もなかなかだ、お客さまを待遇《もてなす》ことを知りくさる、絵かきの先生だから相応した狂言を演《や》ったのだ』と感心して、先生マアこちらへお出でとて離れ座敷へ行き、大声で『八助八助』と叫ぶと、一疋の狸がノソリと庭先へ出て来た。

主人はそれに向かって人間に言うがごとくたいそう叱りつけてから、先生もう大丈夫ですと言った。

楳嶺書伯はようやく腑に落ちたけれど、まだなかば恐怖に襲われているので、当分は手槍を枕元に備えて寝たが、むろんふたたび怪異は出現しなかった。

その後画伯は帰京し、右の実見を絵巻物に書き残して記念にした。

狸は画伯に冷汗出さすほどの目にあわして、永久に閻魔大王の姿を記憶に印せしめる芸術上の好意であったろうという人もあった。

漁夫を護る貉

上総国長者町の北方を流れる夷隅川の流域に江場土《えばと》なる部落があって、そこに甚五兵衛に清太郎という二人の漁夫が、枝川をはさんで隣り合って住んでいたが、甚五兵衛の家の横の森には古い祠《やしろ》があって古貉《ふるむじな》が一疋棲んでいた。

このあたりは明治初年頃までは狐狸類の巣窟でよく村民がばかされた。いつか犬ほどの巨体の古貉が引続き二疋まで捕獲されたこともある。

右の古祠に棲む貉《むじな》はふとしたことから甚五兵衛と因縁を結び、甚五兵衛がボラを漁《と》って来るといつも何尾か分けてやると、貉は、今日は河口へ行けとか、カヂ河がよいとか言って、漁場を毎日教えてやって漁獲を多からしめていた。

清太郎はこの秘密を知らぬから不思議がり、後には甚五兵衛の跡をつけて行き、自分も同じ場所で漁労をするけれど、甚五兵衛の漁獲にははるかに及ばぬので躍起になっていた。しかるにある日、清太郎がかの祠の裏の林を通りかかった時、大きな貉が午睡をしながら、人語をもって寝言に、甚五兵衛カヂ河がよいと言ったのを聴くや、アアわかったと叫び、嫉《ねた》ましさの腹立ちに貉を棒で撲り殺してしまった。

爾来《じらい》、甚五兵衛は多漁の途を失い、清太郎もまた影響を受け出した。

山瀬の音真似

狸族は物音の真似が好きで、昔から狸は水際で豆を研《と》ぐ音をさすということは、よく各国で言い伝えられている。著者の郷里に小豆研《とぎ》橋という小さい石橋がある。明治前には、夜間その橋の下で小豆を研ぐような音がよく起ったもので、狸の業だと想われていたものだ。

狸が腹鼓《はらづつみ》を打つのも、狸は物の音を好むからのことであろう。津村正恭の随筆にも、狸の糸くりとて樹木の空洞中に音すれど、聞く人十町二十町行きてもその音耳を離れず同じことに聞ゆ云々、とある。

石見国大田町に著者の縁家がある。その主人がある日、同地の古城山続きの上野山の横を通ると、霧雨の降るおりであったが、たちまち騒然たる山瀬《やませ》の音が附近に起こった。このあたりは水の流れのないところであるから、怪しく思いながら三、四十間ばかりも山道を歩んだが、依然として山瀬の音は身辺についてまわるようだ。

ふと目についたのは、五、七間先の道の分岐点の松の下の笹の葉蔭に、一疋の狸がおってこちらを見ているのだから、時ならぬ山瀬の音は奴《やつ》のしわざだと知るや否や、追い逃がしたら、それっきり寂として静かになったことがあると咄《はな》した。

この咄《はなし》の山瀬の音は、狸の業《わざ》は業《わざ》でも、音の立つべき原料を見当らぬから、幻覚を起させたと見ねばならぬ。

狸が水のある橋の下で豆研ぎの音をさすのは、幻聴ではなく実在の音響らしい。著者の考えでは、たぶん水際に集めた小石を掻きまわす音であろうと思う。

古人の記述

いまから約百年あまり昔のこと、肥前国平戸在なる下方の庄屋のもとに、ある日、平戸藩より派遣居住の郡代の牧山権右衛門というが妻子同伴で来て、座敷で蕎麦の馳走におうていた。これは庄屋から、かねて自分の家へお越しなさい、蕎麦を差し上げるということだったから、それに応じてこの日にやって来たのであった。

ところが、このおりに庄屋の下男が草刈りに行って帰りがけに、生垣の外から家の内を窺って見たら、座敷に大小数疋の狸が居並んで何か喰うさまであるので、驚いて草を下ろして家へ駈け込み、庄屋方にいる下役《したやく》の書記に告げると、書記がそんなことがあるものか、座敷のお客は郡代様だと言ったが、下男はとにかく外から一度覗いてみよとて連れ出していっしょに生垣の外から窺わせると、狸ではなく普通の人であるから、下役がおおいに下男を叱って粗忽なことを言うものではない、と戒めて家《うち》へ入った。

されども下男は腑に落ちない。先に苅草《かりぐさ》を背負ったままに窺った時に狸と見えたのだからモウ一度草を負って窺ってみようとて、草を背負って窺ってみると、また狸に見える。そこでまた駈け込んで下役に告げた。下役は怪みながら再び出でて、草を背負って窺い見ると、いかにも今度は狸が蕎麦を喰らっているに相違はなく、草を下ろして窺うとまた人間に見える。実に不思議千万だから、内密に庄屋を呼んでこれを告げる。庄屋も出てみるとまったく事実だから、真相看破の方法を案出した。

庄屋は座敷へ行って権右衛門の子供にむかい、お子供方のお慰みに、自分方の犬の児に芸をさせてご覧にいれようと言ったら、権右衛門の一行が、声をそろえてわれわれは犬が嫌いだから犬の芸などは無用だと言って、非常に辞退をするさまが変である。

庄屋はそうおっしゃらずにとにかくご覧なさいと言うと、権右衛門らは顔色を変えてあわてたから、此奴《こやつ》いよいよ怪しいと思い、近所の猟師どもに連れて来さした数疋の犬を座敷へ追い上げた。

すると今まで人間であったお客がことごとく狸の正体を露《あら》わして逃げのび、そのうち二、三疋は犬に喰い殺された。

かの苅草を背負いながら、窺い見たときに狸と見えた不思議さの原因がついにわかった。それは苅草の中に、田畠の虫除けのためにされた村祈祷の百万遍念仏の札が偶然に混っていたので、このためと知られた。（甲子夜話）

文政十一年のことである、小説家の馬琴の知人の雲峰という江戸の文人の家に、年久しく奉公をしていたヤチという七十余の老婆があった。

この婆さんは三月下旬の頃から、何という病気もないのにフラフラとしていたが、ある日とつぜん気絶して死人同様となり、半日ばかりして少し正気づいて静臥していた。しかるにそれから日々に大食するようになり、つねに十倍の量を食い、ことに餅菓子類の間食まで要求するにいたったが、雲峰方では言うがままに与えていながら、死病が近いのに合点のゆかぬことであると思っていた。

このヤチ婆は手足が不自由なのに、夜になると元気になって手を拍《う》って面白げに歌い、または友達が来たとて高声で独語をする。

ある夜にはヒドク酒に酔ったごとくになり、翌朝日が高くなるまで熟睡することもあるなど、はなはだ奇怪であるから、雲峰は松本某なる医師を招いて診察させると、この人には脈拍がないとて呆れ、病名がつかぬので薬も与えられぬが、まったく老衰病であるから、滋養食を与えるのほかはないと言い、時々来診して月日を送るうちに、老婆は半身がおおいに痩せてきて、骨が出て穴があき、その中から毛の生えたようなものが見えるとて看病人が驚いて騒いだ。

かくてその年が暮れて翌年になってもまだ息があるので、腰湯を使わせ、敷物なども毎日のように敷き替えていたわり、少女の看病人をつき切りにさせると申し渡したら、老婆は喜んで何度となく礼を言った。

かくてその年の冬が来たので、ある日、着衣を着換えさせたところ、脱いだ着物に狸の毛らしい獣毛が多く付着し、それに臭気が非常に高いので人々に怪しまれた。

その後、看護の少女が自分の枕元を狸の婆が徘徊したとか、婆の布団の下から尻尾が出ていたとか言って怖れて寄りつかないようになった。

そこで雲峰は、ヤチ婆は狸に憑かれたものと知り、懇々《こんこん》と少女に諭したら、少女はよく呑みこんでまた看護をするようになったが、おいおいには慣れて怖がらぬようになった。

また婆は、依然として毎晩高声に唄っていたが、後《のち》には種々な器物の鳴音が、婆の寝室に起るように聞こえ、またはおおいに踊る足音も聞えた。

またある朝、婆の枕元に多くの柿の実が積んであるので、少女がこれはどうしたものかと訊くと、昨夜のお客がおまえのねんごろな看護を感じてくれたのだと答えたが、少女は怪しんでこれを喰べなかった。試みにその柿を割って見ても真実の柿の実であった。

またある夜は、切餅がたくさんに少女の枕辺にあったこともあり、またある夜は、一個の火の玉が手毬のごとくころげて婆の枕辺を飛び廻ったこともあったので、翌朝これを問うと、昨夜は女客があって毬を撞《つ》いたと言った。

またある夜、火の玉が室内を高く低く舞い歩いたので翌日これを訊ねると、羽子を搗《つ》いたのだと答えた。

またある日、婆が和歌が詠《よ》みたいとて筆紙を需《もと》めたから与えると、無筆無文な身で『朝顔の朝は色よく咲めれど、夕は尽るものとこそ知れ』と書き、またある日、蝙蝠《こうもり》に旭《あさひ》を画いて賛に『日にも身をひそめつつしむかはほりのよてつつがなくとひかよふなり』と書いた。

この奇怪な死骨の露われた老衰者も、物食う分量は少しも減らず、一食毎に飯を八、九碗食い、間食に吉野団子五、六本、金鍔焼餅の類二、三十を喰らうのであるが、その老衰は少しも退歩しない不思議があった。

ある夜、少女の目に、婆の臥床に赫奕《かくえき》たる光明があって、三尊の弥陀《みだ》仏が現われ、婆の手を引いて行くように見えたので、少女は驚いて走りだして主人夫婦に告げた。夫婦は急いで行って見たのに、何の異常もなかった。その年の十一月二日の早朝、雲峰の妻が言うには、夜前に夢うつつとなく古狸が婆の寝室から出て家屋内をまわり歩いてから、戸の穴から出て行ったと見たと告げ、夫婦で婆の室に行って見ると、少女はまだ臥《ね》ていたが、婆は息が絶えて死んでいた。

雲峰らは後日こう言っていた。実は最初婆は頓死をしたのであったが、老狸がその骸に憑いて今日に至ったのであると。(兎園小説集、摘意)

文化十一年三月、江戸新吉原の佐野松屋の抱女郎某の許《もと》へ、一、二度通った客があったが、ある夜、この客が熟睡していたところ、屏風の外で新造や禿《かむろ》がなにか戯《ざ》れごとをしたと見えて、にわかに大声を挙げて狂った。

その声に驚いて目をさました客が、非常にあわてた状態で屏風の裡《うち》から飛び出したのを見ると、大きい古狸であったから、皆々騒ぎ立て、若者どもが大勢駈《か》け来り、ここかしこへ追いつめまわしたところ、狸はしまいに格子窓をつき破って逃げ失せたが、この狸の使った銭《かね》は正真《ほんもの》の銭であった。（豊芥子日記）

近江国彦根の古刹明性寺に、非常に古い狸がおって、文化年間に寺伝では二百歳におよぶ狸だと言われた。

その当時の住職の宗厳は有名な詩人だったので、遠近から文人詞客が訪来して滞在するものが絶えない。しかるに宿る客は、第一夜に必ず狸に寝込みを襲われて、高声《こうせい》にうなされ、次の夜にはうなされないかわりに、寝室を荒らされておおいに手古摺《てこず》ることが常例になっていた。

その明性寺へ、文化十二年の夏に、江戸から蒲生亮《あきら》という儒生が、遊覧かたがた出かけて来たことがあった。この人は宗厳と親戚柄であるから、宗厳は例の狸のことを心配して、亮の寝床を自分の寝室に一緒に取るようにさせた。

しかるに亮はそれを恥に思った。自分は武士の家に生れた人間であるのに、狸を恐れて僧と同室に寝るのは外聞にもかかわる、自分はその狸を捕えて狸汁にして坊主どもを驚かしてやるも一興だと剛い考えを起し、宗厳にむかい、自分は閑静な別室で寝るのが好きだから、客室で一人寝かしてもらいたいと言い立て、ついに別室に寝床を設けさせ、屏風を立ちまわして、その入口に寺僕から借りた鉄の弾機《はじき》を仕掛け、ふとんを頭からかぶって狸寝をして待っていたところ、異例にもその夜は狸は来ないで無事に明けた。

次の夜もまた待っていたに、何のこともなく、ついに十一日間毎夜待ったが、狸はヒッソリとして何らなすところはなかった。狸は亮の気勢を察してこれを避けたのである。

（甲子夜話）

文化年間、江戸の大関力士の緋威《ひおどし》が、あるとき平戸侯松浦静山の抱《かか》え力士の錦に紹介されて静山を訪問し、四方山噺《よもやまばなし》の中に、緋威の郷里なる安芸国の有名な化け狸の事実を語ったところ、あまりに奇怪なので、静山が信じなかったら、錦が、その狸のことは自分も知っている、まったく事実であると保証をしたので、静山は初めてその狸の話を記録帳に書き留めた。その狸の話というは左のごとくである。

狸は平生、人間に化けていて、人のごとく談話をし、なんら普通人に異っておらぬ。緋威も郷里にある時分には数度これと語をまじえた。この狸は碁が上手で、対手《あいて》の人間が窮して苦考をすると、凡夫悲しや目は見えず、などと言ってこれを嘲弄するのである。人がこの此狸を困《くる》しめようとして、とつぜん戸を閉《た》てたり障子を閉てたりすると、わずかの隙間から風のごとくに脱け出す。またある時汝に弟子があるか問うたら、弟子はあるにはあるが、この近辺にはいない、ただ隣村の跪狐が自分の弟子であるけれど、まだ人語をなすことが出来ぬと答えたそうだ。（同上）

鎌倉の建長寺境内に数百年栖息した古狸があったが、今を去る百二十年前の天明四年に顕著な化け話をしでかした。

建長寺でその頃、山門を再建することに決し、諸国の末寺その他遠近の有志家から寄付金を募ることになったが、その企画が寺の幹部だけの心得で、まだ一般の寺僧に発表されていない時に、建長寺の長老と称する一人の僧侶が、同寺の絵符と、関東諸国の宿々村々に積み立ての人馬帳の写しを携帯して、近国を勧財して歩いたのだ。

この僧がある日、武蔵国板橋宿へ現われ、戸々を勧進して晩方に、庄屋の家を訪問し、自分は建長寺の山門勧進の僧であるが、従僕が途中でくたびれこんだので、小僧をつけてその家に送り行かせたから、こうして一人になったが、今日は大雪が降って、ことのほかに寒く、次の村へは行けそうにもないから、ご厄介ながらなにとぞ一泊させて下さらぬかと頼んだ。

庄屋は、ちょうど隣家が宿屋であるからとて、それへ案内をすることにしたら、僧はおおいに喜び、墨絵の渡河の布袋の一幅を出して与え、自分の揮毫だと言って謝礼を述べ、それから宿屋へ着いたが、宿屋で膳に坐ったときに、汁椀を持ちあぐみ、また風呂に案内された時にたいそう困ったふうで何とか言い訳をして入浴をしなかった。それにもっとも奇怪なことは、その僧の影が、障子へは狸の姿に映ったので、宿屋の人々は耳語して怪んでいた。

僧は翌日、宿屋の勘定を済まして練馬村へ行き、その地の宿屋に投宿し、夜に入って風呂へ案内されて入浴中に、下女が用事のためにちょっと湯殿の口へ行った時に、僧に尾があって、その尾だけを湯桶《ふろ》につけてヂャブヂャブと入浴の音をさせていたのをチラっと見たので、おおいに驚いて主婦に密告をしたところ、主婦は堅く口外を禁じて他に漏れるのを防いだ。

僧は次の日に宿屋を出発して、青梅街道を、宿次《しゆくつぎ》にて、駕籠《かご》で行くことになったが昇《かご》夫《かき》が化僧《ばけぼうず》の噂を漏れ聞いたので、実否を測るために、ある地点においてひそかに犬を駕籠の近くへ呼び寄せたところ、犬は駕籠に躍り着き、戸を咬破《かみやぶ》って、仏衣《ころも》の裾を咬え、僧を引き出してこれを咬み殺した。

しかるに僧の体相は変らなかったので、昇夫《かごかき》はおおいに後悔し、村役人へ自首して出でたから、事件が郡奉行所へ持ち出されて困難になったが、三日を経た時に、彼の僧の屍体が狸に化したから大評判となり、村民が寄って、狸の荷物を調べて見ると、勧財の金が三十両と一厘銭が五貫二百文あったので、事由を具《つぶさ》にしてかの絵符とともに建長寺へ送り届けた。

建長寺では、さては寺の古狸が化けて勧進に歩いたものだ、おりから絵符や人馬帳が紛失したけれど、余人の盗んだのではあるまいとて、しばらく放棄しておいたところであったと使者に答えた。

なお、同寺では、近来、筆墨紙の類や画帖などがしばしば亡失するので、人々が不審をしていたが、今にして思えば、かの狸が習画の料にしたのであったと言いあった。

右の狸の画いた布袋の絵は、江戸の本所表町の三夕という町医の手に入り、諸家へ借覧させる内に高評となり、ついに将軍家治の一覧に逢った時、将軍がそれとなく画師の狩野某に鑑定させたところ、某が、この画は筆法に浮いた所がある、たぶん口筆を用いしものにて、手にて描きしものとは見えない云々と鑑定をしたので、家治はさすがの鑑定だとて賞詞を与えたという。(同上)

亨保の頃、加州金沢浅野町に山屋藤兵衛とて駕舁渡世《かごかきとせい》の者、江戸へ出て武州深谷の九兵衛といふものと棒組して、武州総泉寺の病める老僧の京に赴くを舁《かき》て、北陸道を経て上りける。

この僧、風姿異相にして八、九十歳のさまなり、頭に物を冠ぶり墨衣を著し、紫の頭陀をかけ、道中の宿々にても病に障るとて、寝食共に駕の内にて調《ととの》へける。言語少なく甚だ異躰なれども、金子を多く所持して水の如く遣いける故、二人の駕舁も忠実に登りける。

此僧、山路を行くは病に障るとて、越中より海辺を伝い能州へ廻りて、浜通り黒津舟に至る。道すがらよく物書いて人に与へけるが、此地の神職斉藤丹後守にも一画与へける。それより越前の橋立に至り、人家の軒に駕を下し、二人の舁夫《かごかき》も煙草を喫て休らひ居しに、犬ども多く吠出で喧し。

かねて病僧の忌物なれば、二人の舁夫《かごかき》杖を以て頻りに追払ひけるに、この中名犬やありけん、白毛なる狗一疋、一文字に飛来て駕に飛び付き、老僧の咽喉を咬へて引出しければ、人声あッと叫んで死しける。

この時、亨保二十一年六月下旬なり。舁夫も里人も大に驚き、まず病僧を介抱しけるが古き狢の屍に変じける。何れも興をさまし、まず二人の舁夫を捕え、汝達も正体を現はすべしと大勢囲んで叫びけるに、二人の者ども様々に詞《ことば》をつくし、事情を明かし、ようやくに命を助かり、名主に届けて死骸を埋め、一人の証人を乞ひうけ、日を経て武州へ帰りける。

さて、二人の者は総泉寺に行きて始終を断り、妖僧の使ひ残しの金をも返しける。

和尚対面して、さもあらんかの病僧当寺にすみて二百年ばかり、その素性を知るもの無し。檀家の信施を貯ふること年久し、依て金子数多彼が一室にあり。しかるに十日計り以前、この僧忽然と来りて申しけるは、我れ今北国にて狗のために命を損じぬ、願くは般若を修して後を弔い給はるべしとて失せぬ。さては実事なりしかとて法会を営み、遺金を配当し、九兵衛、藤兵衛共に金五十両づつ分け与ふ。何れもにわかに徳つきて悦び帰国せり。

このこと普《あまね》く諸人の知るところ、彼の妖僧の書を見るに文字正しからず読み得難く、手跡人間と遥かに異れり。たゞ朱印の文字、一は蒼龍軒、一は靍翁とあり、軒号も、しの竹草むらの軒と云へれば、古狢の自称たること宜《むべ》なり。たゞ斉藤氏所持の一軸のみ文字正しく、松無古今色竹有遠近節とよく読まれけるも一興なり。

九兵衛は江戸へ出で本郷にて布商となりしが、加州の藤兵衛が狂気となりて飢死せしを聞き驚きて、持仏堂に妖僧の戒名北海靍翁と云ふ碑を立て弔ひけるとぞ。（三州奇談）

文政の初年頃、尾張の熱田在の井戸田村生れのフミという淫奔女が、宮宿の宿屋扇屋へ飯盛女に住みこみ、莫連《ばくれん》を発揮しているうちに、髪結いの弟子の男と相思の仲となり、ある日、夜を期して縊首の約束をした。

男は日が暮れて酒を飲んで、あれこれの知人の家を暇乞いの心で経《へ》めぐり、夜更けて約束の場所の秋葉の森へ行って見ると女が来ていないので扇屋へ行つて訪ねると、宵過ぎの頃から行衛が知れぬと答えられその夜は自分の家へ帰った。

フミはその夜、約束のごとく秋葉の森へ来ると、かの男が先から待っていて、二、三丁先のつつじが森というへ行き、夜明け頃まで語ってから、道傍の榎の六尺ばかり上の枝に腰帯を投げかけ、その両端を輪にして、おのおのそれに首をはめこみ、釣瓶《つるべ》心中とて二人いっしょに首を縊《くく》る法を敢行した。しかるに二人は同時に踏台を蹴放したところ、どうしたものか男の体はいたって軽く、木の股へ一気に吊上がり、女は体が重くて足先がうまく地を離れぬで、首が締まりかね、死のうと努力したが死なれないで困っていた。

そのうちいよいよ夜も明けかけて、早出の村民某が通りかかって見ると、フミの片割に縊死して居るのは狸であって、上の方にある木の股へ首を挟まれて死んでいた。

このことは現場を見た大喜村生れの弥助が、その奉公先の主人の名古屋藩士三好想山に話したことで事実確かであるとのことだ。

このあたりには昔から古狸がいて、いろいろと人を悩まして有名な所であったが、彼の狸が死んでからは、にわかに怪事がなくなって、村民どもが喜んだそうな。

（想山著聞奇集、摘意）

外道

解説

外道なるものは動物にして、自己を愛養する家には福利を与え、自己の好まざる人には病気をあたえ、あるいは物資の損害行為を投ずるなど、一種の妖魔的能力を有するものの総称で、東海道、または関東にいうクダ狐、尾サキ狐（石見にてはこれを犬神と云い、出《い》雲伯耆《ずもほうき》にては人狐と称するは、この小型の狐の一種である）、大阪地方の豆狸《まめだぬき》、中国九州方面の妖蛇群のトウビョウ、中国地方にある蛭神《ひるがみ》、四国地方や山陽道の西部の犬神などであるが、これらをいちいち記述するにおいては、分量多大で浩瀚なる書をなさねばやまぬから、本書にては、著者の郷里たる山陰道西部の外道だけを記載するにとどめたが、それでも一般の外道の習性はほぼ判明することと信ずる。

山陰道の出雲石見には、小型の妖狐の宿ると称せられた家が、他国の外道持ちの数よりはるかに多く、社交上の妨害の度も濃密で、困る人が多いので、迷信打破家が、明治中葉頃からおおいに骨を折って、地方人を啓発させようと努力をしたけれど、わりあいに成績のあがらぬのは、外道の事蹟が顕著なからであるが、その雲石人《うんせき》のいう外道なるものを、地方の動物学の教師らは鼬《いたち》の一種だと言っている。

いかにも外貌や体躯の大さや毛色は鼬ソックリである。されども仔細に視ると鼬でなく、狐《きつね》である。

この妖獣の特徴は、耳タブが二重になっており、四肢の爪が十本づつあることで、口吻《くちさき》の尖り様が狐の口吻《くちさき》のごとく、また眼も鼬よりも狐に似ていることや、鼬《いたち》が概して孤独生活をするのに、この物は群棲生活を好み、同類間の友情が非常に厚いことや、鼬は犬や人に捕獲される時に臭屁を放つに、これは、ほとんどこれを放ったということを聞かぬ。

また鼬は人に慣れないのに、この物ははなはだ人になれやすく、人語を解すること犬猫以上で、邪智に富んでいる点は野狐に異らぬ。

俗称に、一家七十五疋というも、そのように多くはいない。たいてい数疋ないし十疋くらいの程度であるが、その住む家の人にしてたまには無知覚であったり、また住んでいないでも外道持ちとして有名である家があり、その類の人は、自家の名誉上、非常に外道の迷信を呼号するのであるけれど、その家族の内に誰かが、他家の人に対していわゆる外道の怪異を投与するものがある。

この点からみると、外道の本源は人にあって獣でなく、ただ獣は外道の邪力あるものの家に寄生するだけであるかとも想われるが、一方にはまた現に獣に妖邪の力の顕著なものがあるという事実もある。

これによりて見ると、世の外道持ちなる家の外道には、人と獣との二種があることが判る。人にあるのは一種の遺伝性の精神能力者で、病的悪癖とも言えるが、この種の外道ははなはだ稀である。

獣の外道がいても、他人の眼にかからぬ内は、その家が富裕になる一方だけれど、他人の眼にかかり出すのは、家の衰えのはじめだという。

飼いが悪くなるから出歩くのだとも言われるが、そうばかりでもなさそうだ。主家が没落でもして居所がなくなると、方々に離散して漂泊者になるが、追々には餓死したり、他獣に食われたりして死滅する。

この物は野性生活の力のまったく欠乏した動物たることは疑いがない。

著者が郷里にありし時、白昼よく他家から来て庭先へ現われた。

いつか醤油屋の小僧が、著者方の横の濠の小橋の際で、棒を投げつけて獲ったこともあったが、そいつは橋の下の穴から出て来たのだという。たぶん主家を失った浪人ものであったろう。家のない漂泊ものは、もはや人に憑《つ》く力もなくなっている、ただの憫れむべき小獣たるに過ぎないのだ。貧すりゃ鈍するのは人間ばかりではない。

外道を家から突き放すには法がある。銭を藁包《わらづつみ》にして赤飯を添えて祝い言を言って、道ばた、または田畑などのほとりへ棄ててしまうのであるが、それを拾った人間が、新しい主人になるのだ。

またこの獣は、主家に忠義なことは著しく、主家の人の恨みまたは憤りをかける人には、ただちに駆け行って、これに憑いて苦しめる力あるにもかかわらず、自体に危害を加える人には恐怖して畏縮する癖がある。

これを以てみれば、この獣は佞媚にしてぜんぜん小人的卑怯の邪獣であることが判る。

また、この獣は人に対して隠身の方術をなす奇怪があるが、石見の東部では、箒木を枕にして見ると、外道の隠身の法が利《き》かないという人もある。

また、この獣が徘徊して他人の目にかかるようになると、他所へ分封がはじまるのだという説が、一般に信じられている。

また、この獣は実によく人語を解し、人の性情に通じている。

かつて出雲国簸川《ひのかわ》郡中部にて有名な素封家にして外道持ちの家の庭で、伊勢神楽が行われた時、窓の格子に六、七疋の外道が居並《いなら》んで、あたかも人間のやるような表情ぶりで嬉々として神楽を見ていたということであった。

石見国安濃郡川合村にも有名な外道持ちがあるが、近所の人で、その外道持ちから畑物または餅菓子の類を貰った時には、まずしばらくは貰物を台所の端に放置し、牡丹餅などは棚へ上げても蓋《ふた》をずらして置く習慣がある。これは吝《おし》みのかかった贈物である時に、外道が来てその一部分を咬えて持ち帰るに便利ならしめるためである。

かつてある家は、外道持ちから生大根数本を貰って、戸口に置いたところ、その暮方《くれがた》に外道が来て、大根中の大なるものを一本、重《おも》たげにして自家へ引きずりながら持ち帰るのが見られた。

また同郡大田町の常建寺下の農、屋号△△も有名な外道持ちで、外道が年中自家の田畑を見廻るのが見られていた。

かつて近所の某少女が竹箒木をもって外道を逐《お》いまわす時、主人が出て来て制止をしたが、そのとき外道は邸前の石垣の隙へもぐりこみ、顔だけ出して容子を見ていたというが、その少女は不思議に外道に憑《つか》れずにすんだ。また、その外道持ちの主人が、居宅を増築するにあたり、大工の来るのが遅いとて、迎えに行ったおりには、外道が先に立って行き、主人が大工を連れ帰るときには、二人の間を愛犬のごとくに駆けまわり、主人に「ヤイ邪魔くさい」と叱られたことを見た人もあった。

◇

右に記した外道は、石見の犬神（出雲の人狐と同一物）に関したものであるが、次には、いささかトウビョウと蛭神《ひるがみ》とを記そう。

トウビョウ

一　明治三十年頃、石見国大田町なる南八幡社の石崎社司が、境内の裏手にある石宮の台石が腐触したので、氏子の田原嘉惣兵衛なる石工を傭うて、台石の修繕をさせることにした。その日、嘉惣兵衛は道具を携帯して八幡社へ行き、何気なく右の石造の小祠の石の扉を開けたところ、五、六寸ばかりの淡黒い、首玉入りの小蛇が数百疋塊団をしていたのが、扉の開くと共に、いっせいに嘉惣兵衛に飛びつき、膝から胸の方へ登りあがる。

嘉惣兵衛は意外なものに襲撃せられ、あっと声を挙げて、夢中になって両手で群蛇を掻き落とし、道具類をそのままにして山下の社司方へ逃げて行き、モウ二度と仕事に行かぬと言って色をなくして恐れている。

しかるに石崎社司は笑って平然たるもので、それは気の毒であった、自分がウッカリ失念して言っておかなかったから驚いたであろう、なにも恐がるにはおよばぬ、自分がおさめてやるからついて来いとて、藁蓋《さんだわら》を一枚と小さい御幣《ごへい》とをさげて八幡社へ行き、かの石の宮の横へ藁蓋《さんだわら》を置き、御幣をふって、なにか祝詞を奏《あ》げてから、御幣を藁蓋《さんだわら》の中央に挿《さ》した。

すると不思議、そこらじゅう散らばっていた数百の群蛇が、かの御幣を中心にして残らず藁蓋《さんだわら》の上へ集合し、おとなしく一塊《ひとかたまり》になって静止をしたので、それから嘉惣兵衛は安心をして仕事にとりかかり、夕方に修繕をおわった。

右の小蛇は外道の一種にて俗にトウビョウとよばれ、これを飼養する家は銭に不自由せずといわれるものであった。

かくて石崎社司はまたやって来て、蛇群の芯柱《しんばしら》となっている彼の御幣を抜き取り、二、三回左右に振ってなにか唱えおわると、蛇はぜんぶ団魂から解けて、ゾロゾロ這い出しながら、元の石祠の中に納まってから扉は閉ざされたのであったが、蛇群の社祠に対する状態は純然たる家畜のごとくであったから、石工は不思議に眺めていたという。

この蛇群はすでに約四十年前から石宮に封じこめられており、一定時に食物を与えられるも、誰も知るものはなかったが、ここに至って町民の知るところとなったという。

二　前記の大田町より約一里余の東南の山間部落なる野城《のしろ》の農某方へ、越中の売薬行商人が宿泊をしていたところ、同家の寡婦が毎日のように納戸へ食物を持って入るさまが不審に想われ、ある時家人の不在に納戸へ入って見ると、押入《おしいれ》に甕《かめ》がある。

蓋《ふた》を取って見ると、なかに小蛇が充満していたので、さてはこれなりと覚り、甕に蓋を施してから、台所の釜で、湯玉のたぎる熱湯を作り、桶に入れて持って来て、彼の甕の中

へ注入して、蓋をしておいて素知らぬ顔でいた。ほど経て婦が帰来し、納戸の蛇が全群白く煮え爛れて死亡しあるを発見したので、行商人の前へすわり、蛇を殺したのは貴君ならんと詰《なじ》ると、行商人はなにも知らぬと白《しら》を切ったら、貴君ならではほかになすべき人はない、自分はあらたまってお礼を言わねばならぬ、実は自己方は何代もこの物のために苦労を続けたものにて、今日はよくこそ殺して下さった。われわれは殺したくても殺しえぬので困っていたところだ。ただし、今日残らず殺したならばしあわせだが、もし遊びに出ていて残った分があって祟るとなると、自分か貴君かが祟られるかも知れぬけれど、とにかくわれわれのために善根して下されたと喜ぶので、行商人も包み果せず、自分の行為なることを告げたと言う。

妖蛇群を殺すなら遺類なく殺せとは、昔からの掟である。すべてトウビョウは巣窟から出遊するにも、一時に多数出るようなことがいたって稀にて他人の眼にかかりかねるも、たまには例外あり、著者の幼時、松江市内中原の△△氏方の座敷の庭の石灯籠の蔭に大群の蠢動《しゅんどう》するのを見かけた人の咄《はなし》に、蛇はおおよそ七、八寸ばかりの体には色は黒赤く、黄色の首環あるために目立ちて嫌な感じを起したというた。

妖蛭の群

石見国安濃郡刺鹿村の素対家大△方は蛭《ひる》の外道持ちという評判の家で、主人は元日の雑《ぞう》煮餅《にもち》を食べぬ風習がある。雑煮の椀は調えても啜《す》わぬのだ。これは、椀には蛭が溢杯になって憑《つ》いているというわけだという。

この外道は播州あたりの神社から受けて来るのだといわれているも、著者は寡聞のために元締《もとじめ》を知らぬ。

事例

外道の忍術

石見国大田町の東北部の農△△屋は、有名な犬神持ちで、家の横の空地に数株の夏橙《なつみかん》を有し、毎年の結実がはなはだ多い。しかるに道路境《ざかい》に垣を設けぬため、橙の実は人に盗まれるはずだのに一つも盗まれぬ。もし誰にても盗むものあらば、ただちに憑《つ》かれて難儀をする、以前には二、三名憑かれて死んだものもあったというほどで、同家は今なお社交上から敬遠主義をとられている。

ある年の冬の夜、近所の青年たちが、該家の隣家某方に集まり、納屋の土間にて草履を造っていると、小動物らしい物が各人の身辺をグウグウ啼きながらうるさく徘徊するので、膝を動かし、肱をふるいなどして追いはらわんとするけれど無効で、おまけに誰にも姿が見えぬからほぼ想像がつけられた。

そのうち、一人の頑健な兵隊戻りが、エエうるさい、と叫びさま、勢い鋭くそばの叩《たた》き藁《わら》の束《たば》を掌で叩《はり》つけると、上から堕ちたか地から湧いたか、藁束の上へこつぜん二疋の若い犬神が現われて、コソコソと隅の方へ逃げ失せた。青年の猛威のために、彼ら外道の隠形術が破れたものである。

竹松の跋扈

おなじ大田町の警察署南隣の△△という大工の家に、竹松と自称する有名な外道がおったが、この竹松は△△の女房のお茂に深い因縁があるものと見なされていた。

ある日、同地方第一の金満家の○○の下女の某が川で里芋を洗っているところへ、お茂が通り掛り、うまそうな里芋《さといも》だことよと愛嬌を言って行きすぎた。

やがて右の下女が主家へ帰ると、主人の内儀は眼の色が変わり、変なことを口走り始めて、様子が怪しくなったので皆が心配をしていると、そのうちに『今日の里芋を分けてくれぬかい』と言った。

この言葉で多少気がついたから、数人の下女を調べて見ると、先刻のお茂のことが知れたので、ただちに里芋を持たしてやったところ、たちまち内儀は常態に復した。

竹松はかつて近所の麹《こうじ》屋の娘に憑《つ》いて三年間も煩わした時、両家間に大悶着が起った。

竹松方では、自分の家に奇怪な獣がいるなら、家捜《やさが》しに来てつまみ出せ、いつでも捜さ

してやる、不名誉なことを言いかけると告訴をすると息まいた。麹屋では、娘が竹松だとて饒舌《しやべ》るから貴様の方の外道のしわざだと争った。

竹松方の主人は元来養子であるので、わが女房と竹松との心理的関係を知らぬばかりでなく、わが家に竹松なる邪獣の棲むのをも実際に知らずにいるらしいとの評判があった。

竹松が他《ひと》に憑《つ》いて悩ますとき、被害者側が、御祈祷をやると必ずお茂《しげ》に響いて頭痛を悩まさせる。そこでお茂が、蒼い面《かお》して鉢巻きでもしている日には、竹松が人に憑いている日たることが知られた。

竹松が、隣接の警察署の庭の杏《あんず》の木を枯《か》らした珍談がある。

杏の木は幹《みき》まわり二尺余りの壮《さか》んな木で毎年多くの美しい実がなるのであったが、ある年の夏の日曜日に竹松方の頑童《がき》が柵の間を潜つて来て、竹竿で杏の実をつつき落とすところを宿直の巡査に捉えられ、散々に威嚇されたことがあった。

それからまもなく、がぜん杏《あんず》の木が衰色をあらわし、秋にいたって枯死した。

警察ではこれを掘り取ることにして小使いが根かたを掘ると、幹の真下に土龍《もぐら》の穴のような隧道があって、竹松方《かた》の方向へ二間ばかり走っており、根が何本も噛み切ってあるのを見つけた。

竹松の平素の慣例から言えば、息子を虐めた巡査に取り憑かねばならぬのに、巡査は畏《こわ》くて杏を枯らしたのだ。

年久しく地方人を悩ました竹松も、天命つきて非命の最期を遂げる時期が来た。ある日、近所に一集落をなしている者の親分顔の政十なる老人が、切石《きりいし》の大井戸へ水汲みに行く途中、畑の畝《うね》を竹松が走っていたので、水桶の尻で押えて捕ったときには、竹松が捕えられたとて全町内が湧くがごとくになって見物が押し寄せた。竹松が殺されてからは同地方も安隠になり、△△方も続いて一家死滅をした。

見ると白毛の頸輪《くびわ》のある珍らしい老外道であった。

銭を咬えて行く

竹松の家から東方二十町ばかりの字赤松なる農家の集団地に仲谷権十というのが借家をして小店を開いていたのであるが、毎度のように銭箱の中の銭が不足するので女房を疑い、毎度喧嘩をやらかし、女房は濡衣《ぬれぎぬ》を着るのは残念だとてしばしば離縁咄《ばなし》を持ち出した。

夏のある日、権十は店の次の室《へや》に横になって午睡《ひるね》をしかけていると、一疋の外道が土間から店戸棚の前へ飛び上り、そこにあった銭箱の孔へ頭を突っ込んで十銭札を一枚咬え出して土間へ下りて逃げたのを瞥見《べっけん》した。

権十の家主は、外道持ちの名のあるものであったので、この外道はてっきり近所の家主方のだと気づいたので、騒ぎだてをしないでいると、やがてまた一疋やって来て、こんどは二銭銅貨を咬え取って逃げた。

このことあって永いあいだの女房の濡衣ははれ、権十はそうそう他へ移転をした。実見家の談に、外道が咬えて来る金品の置き場は一定している。たいていは台所の棚のようなところだという。

外道が主家の田畑を見まわり歩くは、主家の利益を図るためである。夏秋の際がいちばん頻繁に田廻りをやるときで、自家の田に水が少ないと見ると、上手境の畦へ穴をあけて、上手の田の水を落とし取ったり、他人の田の稲穂を噛み取って帰るのは顕著な事実である。出雲、石見では、外道持ちからは田畑は買わない、買ったらついて来ると信じられている。

嫁入りに追随

大田町字雪見町に以前△△屋なる染物屋があって、出雲方面の人狐持ちの評判ある素封家から嫁を迎えたことがあった。その嫁入荷が大田の北端某家まで到着して、人足が休憩をしていると、はるばる六、七里も荷物の後を追って来た数疋の外道が土間に下してある長持や箪笥の上や間で嬉々として遊びまわるのが見られた。外道持ちと縁組をすると、必ず外道が分封して来る。もし離縁の場合には随《つ》いて還ることもあり、居残ることもある。

外道銭を拾う

前項の△△屋が外道持ちになったというのは、先々代の代《よ》に外道銭《がね》を拾ったのがもとだというが、それには左のごとき伝説がある。

同町に小さい夷祠《えびす》があった（今は取り払われた）。ある月夜の晩に、夷祠のある小路の中ほどに一個の藁包と赤飯をいれた盆とが捨ててあった。

それを△△屋が拾ったのを隠れて見ていた者があった。藁包には七十貫の銭が紙幣や青銅銭や銀貨やで入れてあった。そのころの七十貫の銭は、今の相場にして約三百円近くのものである。この△△屋は一度手をかけた赤飯を元のごとくに置き捨てて、藁包ばかりを提《さ》げ帰ってから、同町内の〇〇〇屋へ行き、先刻夷《えびす》さんの小路に赤飯が捨ててあったが、妙なことだと空とぼけをして話した。

その頃、〇〇〇屋は外道持ちの富裕家として名の出た人間であったが、△△屋の言葉に対して、それは疱瘡《ほうそう》の神でも捨てたのであろう、拾わぬ方がよいぞと答えると、△△屋は疱瘡の神だか外道だかわからぬけれど拾わぬがよかろうと言って立ち去った。

このことがあってからまもなく△△屋は納屋を新築したり、畑を買ったりして大いに発達ぶりを示し、同時にまた外道がいると言われ出したが、それに引き換えて、〇〇〇屋はいつしか外道の臭いが消えて、町民から親しまれるようになった。

遊動する気瘤

狐狸、外道の類が憑いたとみなされる人の上躯、ことに手にとつぜん蜜柑《みかん》大の気瘤が発生して、不随意的に各所へ移動することは、昔から認められており、昔の人はこれを憑物の本体と信じ、現代の医学にてはヒステリー症患者固有の病的現象であって、主に血行の不良によるガスの停滞などであるように説いてあるが、はたしていずれが正しいか。

数年前のこと例の大田町字粕戸の板根活版所の六歳になる男児が、同地の小学校の運動場の横にて、一疋の外道の徘徊するのを見て、妙なものだと感心して眺めて帰ると、その夜から変な精神状態を呈して、さまざまのことを口走り、また両手が強直して動かし難くなり、総身が顫《ふる》え出すやら発熱するやらで、親が心配をして医者を迎えたら、パラチブスの下地があるとか診断をした。

しかるに、とつぜん肩の下の方へ例の気瘤ができて、手の各所を遊動するから、此奴あるいは外道が来たのではあるまいかと疑い、某祈祷師に伺わすと、学校の横で俺を見て嫌な奴だと思ったから取りついたとのことだと告げてくれた。

そこで息子に訊ねるとその通りだというた。ついに翌日、外道の希望する某場所へ息子を連れて行ったら、地上へ倒れてから、起き上ったが、これで常態に復した。

◇

左に外道と限らず、一般的憑依物に発生する遊動瘤の事例を掲げる。

一　京都市外の嵯峨に君原嘉重という禅学凝りの人物があって、故禅僧たる南天棒門下の逸足で、十五ケ年も禅修に努めた人であったところ、大正八年、ある日心機一転し、禅修行を廃止する決心をした。その理由は、今日の社会に禅修に凝《こ》ったところで、なんら利益がない、利益がないどころかむしろ不利益で社会的活動ができない、畢竟時代に適応しない人間になるというのであった。

かく決心をしてから、毎日の業にしていた座禅をフッリと廃止したところ、がぜん奇怪な現象が起こりだした。いろんな妖怪的な物象（主として僧体の怪貌者）が見えたり、就眠しようとすると、何者かが来て、目をせせり鼻をせせりして寝させない。

最初は何の故とも覚られなかったが、後にいたって禅魔が廃禅の志を挫《くじ》こうとして邪魔するのだと知れた。

毎日苦しめられるのがつらく、ついに神道家に縋《すが》って霊力で鎮めさすより法がないと考え、静岡県の有名な長沢雄楯《かつたて》翁へ頼《たよ》って行ったけれど無効であったが、いろいろしてついに禅魔を体内から駆逐することができた。

いよいよ憑依の禅魔が脱落する段になって、君原の右腕の上部にとつぜん桃の実《み》大の気瘤が現われて、腕首の方へ移動するのにコロンコロンという音響が当人に聴えた。この音響は幻音などでは断じてなかったという。

気瘤はだんだんに移動して、指の付根に至って梅実《うめのみ》大に縮小し、後には人差し指を前進したが、最後には指の腹を半寸ばかり竪裂きに裂いて、そこから鰻の肝《きも》のようなものがダラリと出現して畳の上へ落ちて消え失せ、指の腹の裂け目はその後に癒着したけれど、永く痕跡を残していた。かくて君原は禅魔の妨害から免れて安穏を得るに及んだ。

二

大阪には俗称豆狸《まめだぬき》なる妖獣があって人に憑《つ》くこと彼の外道のごとくで、実見者は堅くその実在事たるを信じている。

明治四十年頃のこと、大阪東区谷町七丁目の某に豆狸が憑いて、医師ではどうしようもないからとて著者の知人たる霊能者のD君をわざに京都府から迎えた。

D君は往《い》って見ると、患者の居室の書物棚の後《うし》ろから、二、三疋の豆狸の出没するのが見えるけれど、そこの家族には見えなかった。

患者に術を施すようになると、患者の左腕にとつぜん弾力ある気瘤が一個現出して、手首の方へ移り行き、遂に拇指の中ほどへ縮小して進んでから、逆戻りをして隣りの人差指に移ると、指の先端から灰色の水飴のようなものが脂下《やにさが》って畳へ落ちて、小饅頭《こまんじゅう》ほどの形になり、迅速にキリキリッと数回旋回運動をしてから、ジッとして動かずにいる。

時は真夏の暑い盛りの午後一時ごろで、表の街道を白服の巡査が巡回して来るのが見えていたが、巡査がこの家の戸口近くへ来たとき、かの小饅頭のようなものがとつぜん疾風の勢いで飛躍して巡査の胸倉へ取りついた。

それと同時に巡査はがぜん発狂状態となり、腰なる洋刀を抜き出して頭上にて水車のごとく振りまわしながら、八丁目の方へ疾走するので、数十人の大供子供が後からワイワイ言ってついて駆け出した。その後の巡査のことは知らないけれど、こちらの患者はそれきり全癒した。

同じ気瘤でも、甲者は皮膚を裂傷させて脱出し、乙者は皮膚の気孔から脱出するの不同がある。これは憑依物の勢力の強弱の差異に依ることは明白である。この気瘤は概して人体の上半部に現れ、腹部以下には現れぬものであるが、医説がヒステリー患者に限るように言うは、まだ研究の堂にいたらぬものである。

味噌壷を侵す

松江市北田町に、人狐《ひとぎつね》持ちの風説あるY氏があった。かつてその右隣の村田氏方で台所戸棚の味噌壷の蓋をあけて見ると、いっぱいにいれてあった味噌の上面に貼布されていた白紙の中央部に、二銭銅貨大の穴があいていた。奇妙なことと思いながら紙を剥ぐと、穴は味噌の下層へ通じているので、子供が竹でも突っこんだのとかと想い、味噌を掬《す》くい取ろうとして杓子《しゃもじ》を入れると、天井でも押し落としたかのように、味噌が底の方へ落ち込んだので吃驚《びっくり》させられた。

よく調べてみると、隣の人狐のしわざに相違なく、味噌の上層だけ残して、内部はぜんぶ喰い取ってあったのだと知れた。

人狐の胴の太さは、肥大な溝鼠《どぶねずみ》よりもやや大きいから、味噌の穴の太さの二銭銅貨大に過ぎぬほどの小さいのにひきくらべても、やはり奇怪味がゆたかである。

数十人を悩ます

出雲国簸川《ひのかわ》郡朝山村の某所にて、区民が新年宴会の意味で、ある協議会の名の下に集合し、酒宴に移ったところ、宴さなかにがぜん一人が発狂的になり、目の色を変えてベラベラ他家の秘密事件を、無遠慮に饒舌して始末に終えぬので、外道が来たとて騒動になり、神職を迎えて祈祷をさすやら、かの者の家族を呼びつけて介抱さすやらで、さんざんな宴会におわった。

しかるにその翌日から、彼の集会者は一人一人片ッ端から同じようにやられ出すので、一村大騒動に及んだことがあった。これはかの区民中に一人の外道持ちという家があって、その日の集会に案内されなかったのを腹立ち、その家の外道が復讐的にあばれまわったのだと知れた。外道の多い地方にて、こんなにおおがかりの外道騒ぎはついにないことであると言われた。

教師や郡吏が、心理学説によって、伝染性自己暗示というものだと言って聞かしたけれど、正直な村民は承服しなかった。

女学生に憑く

東都方面で奏任待遇の女教師をしている女子高等師範出の才媛の若原八重子（仮名）というが、まだ郷里の松江高等女学校時代の出来事である。

該女はそのころ松江市西茶町のある裏町の奥の小さい借家に、母親と妹と弟と四人住まっており、父は伯耆《ほうき》の米子《よなご》に別居して代書業を営んでいた。八重子は学業が優れ、性質も温順寡言で、一級中の目標になっていた。

しかるに、ふと八重子がその家で、時々妙な精神状態になってオシャベリをすることがあるので、母親は八重子に外道《げどう》でも障っているのではないかと心配しはじめた。

ある日、八重子が女学校から帰って来て袴を脱ぐや否や、踊るような身振りをしてゲラゲラ笑うので、母親が胸倉を捉えて睨みつけて「わかったぞ畜生、逃げぬと締めあげてやる」とてエライ気勢で威嚇して見ると「逃げます逃げます許して下さい」と言って静まったので、以来母親はいっそう注意をして油断なく保護をしていた。

その年の十二月の三十一日であった。八重子は母親にむかって「明日の元日には雑賀《さいが》町の玉木さんが必ず来いとおっしゃるから行きますが、母親《おっか》さんのでもよいから、あのお召《めし》の袷《あわせ》を貸して下さい、袖は私が短く直しますから」といった。

平素母親の教訓に服して、極度の質素を守っている八重子の今の言葉は異常であるから、母親は驚いて、「おまえはなんという阿呆かネ、この押しつまった日にお針をする隙《ひま》はありませんよ、それに女学生の分際で絹衣《きぬもの》を着ておめかしをするのかネ、明日は学校で式を終わったならすぐに帰りなさい、どこへも行くことはできませぬ」と叱った。

すると八重子は、眼をつり上げて「フム、代言人、しゃべるな、親爺に嫌われたのもその口があるからだ、フム」とせせら笑って横を向いて舌を出した。

母親は一時は嚇《かっ》としたが、これは例のだな、とすぐ気がついたので、その上は叱りもせず沈黙をしていると、八重子も温和な態度になった。

しかるに元日の夕方、八重子はまたも常態《つね》にない言動をしたので、母親は八重子の胸倉を捉え、出刃包丁を擬して、今日こそ白状しなければ突き殺してしまうと烈しい勢いを見せると、八重子は「言います言います。皆言います」とて左の文句を口から吐き出した。

「わしは同級のSの家《うち》から来た（Sの父親は松江の判事で人狐持ちという家筋）。家《うち》の嬢が、いつも八重子に負けるのが口惜しい。いつか八重子が、算術の答式を黒板に書かせられたおりには、その袴の下から出て、袖口に上り、書く後《あと》から後からと爪で引掻《ひっか》いて下側の字をみな消してやったが、その時は恐ろしかったので、いい加減にして袴の裏《うち》へ隠れたこともあった。また去年の夏は、八重子を屋根へ飛び上らしてやろうと思ったが勘忍して、かわりに弟の庄一を騒がしてやった。それから今度残念であったのは、嚊《かか》の奴《やつ》（母親を指す）に邪魔されたことだ。玉木でご馳走をして待っているから、刺身を三、四杯替えて喰って、みなの前で赤恥かかしてやる企みであったに……」

かく言ってから八重子はケロリと常態に復した。

すると三日の朝、雑賀町の同級生が来て、元日と二日の両日、玉木さん方でたいそう八重子さんの来るのを待っていましたが、八重子さんの膳が大事に床の上に置いてあったら、二日の晩に、何が来て喰べたか、お刺身や蒲鉾《かまぼこ》なんか魚気《さかなけ》は残らず喰ってしまってあったので大騒ぎでしたと告げた。喰ったのは下代の人狐であることは分明である。

また去年の夏、八重子の弟を騒がしたという事実はこうであった。深夜熟睡中の十二歳の庄一がとつぜんはね起きて、旅順口へ行くと叫び、庭の樹を攀《よ》じて屋上に登り、右に左にと駆け走り、最後に地上へ転落したところを母親に取り押えられたが、彼は落ちても怪我もなくまた痛みもなく平気で、そのままふたたび蚊帳《かや》の中へもぐり込んで寝てしまったのであった。

入念の外道

動物の外道《げどう》でなく、人その者が外道の質をもつのがある。

石見国安濃郡川合村川合に那須清吉なる農業兼木挽《こびき》職の人間があった。ある日、同村のK方へ行きその所有の材木を買い受ける約束をなし、代金は数日内に渡すはずにして、翌日木を伐りに行き、半日ばかりも仕事をしていると、急に熱発をして難儀をするようになったので、仕事を中止してわが家へ帰って臥《ふせ》ていると、Kが見舞いに来た。

清吉はKの顔を見ると、たちまちKの女房は外道持ちで評判の婦人だということを想起し、自分が代金を支払わずに木を伐るので、彼女が金のことを心配し、それで外道がやって来たのかも知れぬと想うた。

それでKにむかい、貴君《きみ》は代金のことを心配するのかも知れぬが、間違いなく支払うから安心するようにと言ったら、Kは迷惑そうにして、自分は金のことを疑ってはいないと弁明して帰ると、清吉の加減がぜんよくなったので、外道は納得すると落ちるものだというが実際だと感心した。

しかるに清吉が快《よ》くなると、二男の藤吉という少年が同じように熱発を悩み出して二日間学校を欠席したから、祖父が案じて、隣村大田の西行堂へ行き、庵守《あんしゅ》に拝んでもらうと、これは金銭上のことから外道が来たのだと告げられたので、さては外道は退《の》かずにいたかとて、早速K方へ木の代金を支払ったら、藤吉の病気はすぐに癒《なお》った。

そのことがあってから約一年ばかりの後、ある日清吉はK方の前を通行したので、立ち寄って見たら、Kがせっかく会いたかった所だ、談《はなし》があるとて土蔵の中へ連れ込み、妙なことを訊ねるようだが、去年お前に木を売った時、家《うち》の女房の外道がおまえ方へ来たという風説を聞いたが、実際かと言ったので、清吉は、そんなことはないと言って安心させて蔵から出ると、今度はKの女房が呼び込んで、私に外道がいると言われたそうだが、自分はまったくそんな物をもっておらぬ、今後はよろしく頼みますぞとて真顔で嫌味《いやみ》を言った。かくて清吉はわが家に帰ると、二十分ばかり前から長男が急に熱発をして難儀をしておるので、Kの女房はやっぱり外道持ちであると知ったという。

蛇

解説

人によっては、蛇は愛すべき動物であるように言う者がある。田舎によると、蛇でも捕ると大いに怒鳴る農夫があるが、これは蛇は鼠や苗代田を荒しまわる蛙を喰うので、益虫であるとの見解から来たことである。

動物学者は、蛇は古来人間の誤解や迫害を受けている不幸な動物であるように云っているが、これもまた、蛇に対して誤解をもっている人間である。

無害の蛇を飼養して馴れさせたら、可愛らしい情も起るであろう。また、害虫害獣を捕食する点からみれば、益虫とも言えるであろう。また動物学者が、いわゆる学問的に蛇をみれば、生きた動物を捕食する爬虫類たるものにすぎないで、そのほかになんらの刺戟も感想も起さないのである。

しかし、蛇は一般には好かれない動物の第一たるものである。いかに無害の蛇が人に馴れ親しむにせよ、いかにまた苗代田を荒す蛙や畑物を喰う野鼠類を捕食するにせよ、あるいはいかに滋養食餌をして有価値の動物たるにせよ、人はけっして蛇を尊敬も愛護もしたくない事実がみえる。

比較的蛇を恐れない人でも、蛇は嫌な奴だと言っている。猿や雀燕《えんじゃく》などの小鳥も極度の憎悪をもって蛇に対することはよくわれらの実見に触れることである。雀が庭先や屋根の上の蛇を見る時に狂乱的に騒鳴するのは誰も知っている。人間でも女子は、男子よりも強度の憎悪と恐怖とを蛇にもつことは、これも顕著なことである。

なにゆえに蛇が人間に嫌われるかというと、形貌の醜悪なことよりも、蝮《まむし》や、ハブやがらがら蛇やコブラのような恐ろしき咬毒あるものがいることよりも、また途方もない巨体の蛇があって、家禽家畜を呑み、時としては人をも呑むことよりも、蛇の特有なる魔性の力なるものを忌むのが最大の原因である。

蛇の魔性というは、自体よりも大なるものを呑み、足なくして音なくのたくり歩きて人家に入り、あるいは閨房《けいぼう》に潜み、あるいは男茎を呑み、はなはだしきは婦人を昏睡せしめてこれを魅烝《みじょう》し、あるいはその陰所に竄入してこれを死亡せしめる。（大正年代に入っても帝都新宿方面なる某蛇屋の妻女にその実例がある）。

生理的に奇怪であるが、精神的にも奇怪な能力をもつている。蛇の屈伸自在な体制が、その陰険性、執着性、淫蕩性、魅惑性等の好ましからざる性習の実行に適するのは、天地の機能の悪跡だ。

世界のあらゆる自然科学的動物学書に、蛇の魔性のことの書いてないのは、動物学者が、知っていても書かぬのか、知らぬから書かぬのか。知っていて書かぬとせば、魔性のことは非学術的と思ってのことであろうか。また知らぬとせば、外国主として西洋諸国の蛇は、平凡の動物であって魔性的でないからか、または魔性的の能力はわが国や支那などの蛇と同様であっても、観察の眼力がなくして、その頭脳に映じないからのことであろうか。

われらの想像では、西洋の蛇でも、魔性的能力はほとんど東洋の蛇と同じようであるけれど、西洋人の観察が粗末であるとみなすわけがある。かつてイギリスの某動物心理学者の著書にて、蛇の精神力の事例として唯一の事実が書いてあったのを見た。それは公園の樹上に栗鼠《りす》が遊んでいたところへ、下へ蛇が出て来て栗鼠を見つめていると、栗鼠がソワづいて樹上で一進一退しながら、追々に、幹を伝《つた》って下りて来て、ついにわれとわが身を蛇の巨口中に投じたのを見た、とて不思議がった書きぶりであった。

これは動物の平凡なる磁気力の一例だけれど、唯物式に固まった土地の民族の学者だから、鬼の首でも獲ったように喜んで書いていた。

ただし時代の思潮の流れたるものか、時代はわが国人をしておいおいと古来の国民性心理を捨てて行き、女でも蛇を見て唾をかけるようなものは、二、三十年来めっきり少なくなった。

心臓病の女が死にかけていても、必ずその病が癒るものと信じながら、まむし酒なら飲まぬと主張したような女は、今日には見られかねるようになった。死ぬるのは嫌だが、嫌なものは死んでも口にせぬと意地ばるところが、日本婦人の特質的美点の発露であろう。

婦女が蛇を嫌わぬというのは、著者に言わすと一種の精神麻痺症で曲《くせ》ごとだ。

往年、東都の日向某の美妻が、バスケットの中へ青大将を入れて旅行し、汽車中にその蛇をヌタクラして人が騒いだら、笑って袂の中へ掴んで入れたのは、美の凄味を加えるお化粧行為だと称した新聞記事を見て怒った国民も、今では蛇を滋養食としたり、薬剤にしたのを平気で服用するほどにいわゆる唯物文明式に進化した。

それというのも、山沢が年々に拓《ひら》かれて、山の主とか池の主とかいう怪蛇や野良の人呑大蛇などが減少したことも遠因もしくは近因である。

蛇の魔性的能力も、見えない太陽の何々外光線やラジオの電波が縦横無尽に飛び廻るようになった世界だから、これもまた追々に衰退するのであろうから、今のうちに少し書きとめておくのも無用ではあるまい。

蛇類を人や猿が好かぬのは、その性習もむろん好かないが、第一その体貌が嫌に出来ている。蛇に、もし足があるとか、角があるとかするならば、かえって感じがよくなるに相違ないと想う。蛇の眼と蛇の腹の黄白い鱗を見ると実に嫌な感じが起る。

一昨年、長女が山へ摘草《つみくさ》に行き、ある古い砦の前に立った時、石垣の穴の口にかなり大きい蛇が頭だけのぞかしてこちらを見つめていた。その眼と長女の眼とが偶然一線になった刹那《せつな》、長女は蛇に吸い込まれるように思ったとて、帰ってから身ぶるいつけて話した。

同じ爬虫類でも、蜥蜴《とかげ》の眼は瞬《またた》きのできる瞼《まぶた》があって、凄味がないが、蛇の眼は瞼がなくて眼玉も動かないので、特に他を魅するに適している。ただし蛇の眼は単に外観的構造のために他を魅惑するのではなく、眼にある超物質的な力があることは、いかなる唯物万能家も否定はできまい。

著者は、かつて蛇の交尾季において、その性的執着力に関して、一驚を喫《きつ》した奇怪な事実を経験し、性と妬心と執着との共通の悪徳から推しても、蛇を爬虫類の一種として単純な観察を投与して安んじている一般の動物学者等の心事を異《あやし》むものである。

蛇中には無害淡白な性習の種類もあるけれど、概括して、妖的怪物の実質を具備していることは否定し難い。蛇の嫉妬深くまた執念深いことは小説的だなどという人が少くないけれど、決して小説などではなく、厳《げん》とした事実である。かのアフリカ北部の砂地に栖む一種の蛇に、嫉妬心の強いので有名なのがある。その蛇は、砂の中に体を埋めて頭の尖端をわずかばかり出しており、小鳥や蛙や鼠だの蜥蜴だのの通るのを待って、飛びかかって捕《と》るのを見ると、仲間の奴が、すぐに駆け出て、その獲物を奪おうとして争闘をはじめる。その争闘のために、獲物が逃げ出すことがあると、一疋の蛇がそれを追いかける。すると他の一疋がそれを妨げにかかり、ついに獲物を完全に逃してしまうことが少くない。

蛇の嫉妬心、執着心の深い動物たるゆえんが、輪廻再生を信ずる人をして、妬婦《とふ》または失恋男子が蛇に再生し、またはその亡魂が蛇に憑依して目的人に纏綿《てんめん》し、または恨みある人の首に捲きついて離れないというような、東洋的宗教的な妖的事実を発生さすと想わせる。なんにしても蛇はただ物ではない。

事例

小蛇の怪口

島根県安濃郡刺鹿村大字西川に伝六なる馬追職があって、夏のある日、素足の草鞋《わらじ》ばきにて居村の猪谷《いたに》の山奥へ秣《まぐさ》刈《か》りに行き、仕事のあいまに、とある樹の根に腰をかけて空の方を眺めながら煙草を吸っていたところ、右足の拇指の腹が、チクチクと物に擽《こそ》ぐられるように覚えたので、足を見ると、三尺ばかりの烏蛇《くろへび》が来て、舌の尖端《さき》で拇指の腹のあたりを、舐《ね》ぶっているのであるから、面白半分にそれを見ていた。

蛇はやがて口を開けて伝六の太い拇指を呑みにかかったので、馬鹿な奴だと思いながら、くわえ煙管《ぎせる》で見ているうちに、蛇はわけもなく指のつけ根まで呑込んでしまって、隣の指をも頬張ったが、それもまた苦もなくつけ根まで呑み込み、次にはその隣の中指をも口にした。口は奇妙に横さまにひろがるようだ。やがて中指を呑んでしまってから第四の指をも咬えた。小蛇の口はまったく際限なく横へ拡大する。

伝六はおおいに驚いた。これまでは見ていたというものの、意識はなかば麻痺していたもののようで、ただ奇妙だ奇妙だと感じたばかりで、危惧心などはさらになかったのであるが、今や精神は潤然として蘇生したようになり、この蛇は油断のならぬ怪物だ、こうして委《ま》かして呑ませるなら、しまいには足でものむであろうと恐しくなった。

そこで、身辺にあった熊笹の小枝で、煙管の煙脂《やに》を浚《さら》い出し、蛇の口の辺に無茶苦茶に塗りつけた。

蛇には煙脂ほど大毒なものはない。いかな蛇でも煙脂をなすくられたら最後、見る間に色まで変って死んでしまう。かの怪しい烏蛇《くろへび》も毒攻めにかかって、慌てて呑んだ四本の指を吐き出し、愴惶として下手《しもて》の渓川の方へ逃げていった。

伝六は、ざまア見やがれと嘲笑を残し、草を背負うて家へ帰ったが、その後二、三十日して、また刈草のために猪谷の山へ入り、前回の場所近くに行った時、彼の渓川にそい一丈余の蛇の白骨が横たわっているのを見て、これぞかの怪蛇の正体であろう。奴は口の煙脂を嗽《すす》ぐためにこの渓川へ来たけれど、毒が劇《はげ》しくてその場を去らず死んだのだと想うと、今さら蛇の魔物たるを覚ったという。

◇

大きい蛇が小蛇にばけるということが事実であるなら、それは暗示術で幻視を惹起さすのであろうけれど、また場合によっては、実際に体を縮小さす怪術があるとみなされる事実が現にある。縮小させるというのも、胸へ詰め込んだ息を吐き出して胸や腹の小さくなるというようなことではなく、五尺の蛇が三尺の蛇になるというように一時現象ながら、根本的生理的縮小なのをいう。

かつて某神道教会の信徒たりし和歌山県の某が、邸内にて黄褐色の小蛇を見たとき、鍬の先きで軽くその尾を切ったら、三、四寸ばかりフッリと切断した。

しかるに某は、その日から病名不詳の疾患に罹り、高熱を発し難儀をするので、祈祷師にかかると、大きい蛇の尾を切ったので、その蛇が祟ったのだから、蛇に詫びごとをするがよいと告げた。

そこで某は、自分は小蛇の尾を切った事実はあるが、大きい蛇の尾は切らないと言ったけれど、家族の勧告に従い、とにかく祈祷師を通じて蛇に詫びごとをしてもらったら、病気が快癒した。

するとその後、邸内で七、八尺ばかりの黄褐色の蛇を見たが、その蛇の尾端が七、八寸ばかり切れていたので、さては前に小蛇の尾を切ったと思ったのは、まったくこの大きい蛇の尾を切ったのだろうと今さら驚いたということを聞いた。

大きい蛇が小蛇に化けたということは、昔から多く話されているけれども、反対に小蛇が大蛇に化けた事例がないと見ると、蛇は老大にしてはじめて魔力がそなわるものであることは明白である。昔の話ではあるが、大きい蛇が小さくなって見せた事例で、ちょっと面白いのがあるから記載する。

安永七年、越中国下新川郡三ヶ村の農夫長右衛門の門先に大松があって、これを伐採し、同八年三月、その切株の下にめぐっている大きい根を掘り起こして、他にこれを運びかけたとき、松の根の底に一疋の蛇があって、三尺ばかりのものに見えたが、なんとなく恐しいので、松掘りの人夫どもが、此奴《こやつ》は主《ぬし》らしい面《つら》をしているから、このまま土をかけて埋めようかなどと言った。

長右衛門はそれを聴かず、怪《おか》しな奴は取り捨てるがよいとて、杖を入れてはね出しにかかったところ、はじめのほどは軽くて動かし得たが、後には重くなって、杖にては動かし難くなり、大勢で鉄棒などを入れて、はね出して見たらにわかに五、六尺ばかりの蛇となった。長右衛門はこれをまろぼして海辺へ捨てたところ、水に入ったと見ると、すぐ立ち上がって来て長右衛門を追いかける。この時に蛇は一丈あまりの体に見えたので、長右衛門は驚いて疾走し、道に堀があったのを幸いに、その堀を横に飛び、縦に走りして忠右衛

門というものの家へ飛び込んだが、蛇は一直線に長右衛門の宅へ入って見失われたので、元の松の跡へ入ったとも言われたが、実際はどうであったかわからずじまいになった。

その夜から長右衛門は発狂し、横に倒れて這いまわる態《さま》は蛇に等しく、大なる石を臥《ね》ながらに打ち返す力は十人力以上であった。

ついに弟らが大勢して柱に縛って置いて、野へ仕事に出た後へ、一人の馬士《まご》が来たので、長右衛門は自分の口へ、そこらの草を一《ひと》つかみ入れてくれよと言った。馬士は気の毒がってその通り草をやると、しばらくして縄をブツブツ押し切って手を振って立ち出《い》でた。

弟はこれを知って、またも大勢で縛っておいたら、その夜長右衛門は狂死をした。

人の生血を吸う

福島県北会津郡小山村に建福寺という寺がある。

慶応元年、ある夜その時の住職が外出先から帰って見ると、梵妻が蒼白くなって寝ていて、口をアングリと開けており、口から赤い糸のようなものが一本出ていて、天井の方へ続いているのが、行灯の灯《あかり》に見えた。

怪しく思って天井を見ると、一疋の白い蛇が、天井板の間から頭を出して、彼の赤い糸がその口へ通じている。よく見ると、その赤い糸のようなものは血である、梵妻の生血を蛇が遠くから吸い取っているところだ、と知れたので大いに驚き、棒を持って来て、蛇を殴りつけて殺して引き下ろして見ると三尺五、六寸ほどあった。蛇を殺してから供養をしたためか、後に何の祟りもなかった。（若松市のH氏談）

どうして蛇が、人の体外から人の生血を吸い取るかは科学ではわからぬ。このような怪力は蝦蟇にもあり、またまれに鼬《いたち》にもある。

蝦蟇が室内の行灯の灯油を糸筋のごとくにして、七尺ばかりの外の縁の下へ吸いつづけていたことを、昔のなにかの随筆本で見たことがある。また鼬のことは、田舎の人がまま話すことで、鶏から一、二尺ある距離にいて、鶏の生血を吸うのだそうな。

聞いただけでは信じられないようであるけれど、動物中には奇怪な能力をもつものがある。

人間を睡らす

一　大正九年夏、出雲国簸川郡の東村から同郡佐香《さか》浦へ越える山路を、三人連れで行くのがあったが、一人は鍛冶職、他の二人は夫婦であった。三人は山路を約三十町ばかり進むと、夫婦づれなる亭主が用達《ようたし》するために路傍の雑木のなかにはいり、女房は鍛冶屋と二人で先へ登って行くと、四、五十間ばかりにして、路《みち》の横に薪《たきぎ》小屋があった。炎天で暑かったので、二人は小屋の入口の日蔭にシャガンで、風を容《い》れながら休息をすることにした。その様子は、下方《しもかた》にて用達《ようたし》をしている亭主によく見えていた。

やがて亭主は用達を終えたので、二人の後を追うて坂を登りだしたが、二人の者が小屋の蔭から出て来ぬので、疑念を生じ、急いで近よって行くと、小屋の上に洗濯盥《せんたくだらい》ほどの大きさの円い物が日光に映じてギラギラと光るのが見えるから、これをも怪しみながら小屋の真下へ来て仰ぎ見ると、小屋の屋根に、胴まわり二尺近い大蛇がとぐろを巻いて、首を下へ伸ばしてねらっており、その下方には、彼の男女二人が膝を突きあわせながら、余念なく睡っている。

亭主は驚いて大声をあげて呼びさましたら、二人は目をさましさまに飛び出して路《みち》へ下り、それより三人は懸命に駆出けして佐香浦へ下りた。

話を聴くと、二人は薪小屋の口へ腰をおろすと、なんとなく嫌な臭気があり、まもなく強い睡気に襲われてから、そのまま睡ったのだという た。また彼の小屋の上で光ったものは、大蛇の鱗を照す日光が反射していたのであると知れた。

二　数年前のこと、同国仁多郡八川村にて、養蚕《ようさん》をする某農家の女房が、妙齢《としごろ》の娘と二人で、山畑へ桑摘《くわつ》みに行き、母子少し別々になって摘んでいたところ、いつしか娘が見えなくなったので、母親が来て見ると、娘は柿の木の根元で肱枕をして睡っており、その頭上五、六尺の枝に四尺ばかりの蛇がおって、首をのして娘を見入っている。母親は土塊《つちくれ》を投げつけて蛇を追い逃がし、娘を呼び起して連れ去った。

娘は桑摘みをしているとむやみに睡くなったので、わざと柿の樹の下へ来て寝たのだという。すべて蛇に魅せられて睡るものの夢心地の実情を知りたいものだが、たしかに婦女子には秘密が伏在すると想像される場合もある。大蛇が人を呑まんがために睡らすのと、性情のために睡らすのとおのずから相違があるわけだ。

三　大正初年のこと、岐阜県の田舎にて某農家の美婦が（住所姓名を忘却した）毎朝畑仕事に行って夕方帰来するのであるが、帰ったときには非常に疲労の色があるので、良人が怪しみを生じ、ある日とつぜん妻の仕事場へ行って見ると、妻は畑に藁を敷き、それに横たわって深い睡りに入っているから、ゆすり起すと、その下から二尺余りの蛇が這い出して逃げ失せた。

良人は厳《きび》しく詰問をしたら妻は自白して曰く、近頃毎日ここへ来て仕事に取りかかると、きまったように強く睡気がさすので、こうして臥《ね》るのである。よくわからぬが、睡るのは二、三時間に及ぶらしいとのことであった。この美婦の奇怪な午睡《ひるね》は、もとより蛇のなすところであるが、なんの目的で蛇が連日この農婦を睡らすかを想像するがよい。

想像して何になるかなどと軽視するは愚だ。われらはこれをもって、心霊問題もしくは宗教的信念の上に、軽からぬ神秘事項を髣髴せしめる。

古人の記述

安永年間のこと、讃岐の高松の林という区域に二棟の土蔵があって、その間が二間余り隔てており、その一つの土蔵の窓の庇《ひさし》に雀が巣をかけて出入りしていた。

ある日、五尺余りの蛇が、こちらの土蔵の屋上に登り、かの土蔵の庇の雀の巣を見つけ、此方《こちら》の屋上から飛びかかったけれど、向うの土蔵に達せず途中で落ちた。けれども樹をつたってふたたび元の土蔵に上り、またも向うを見かけて飛びついたなれど、前同様に不成功であった。けれど、執念深く同じことを繰り返すこと昼夜十日ばかりに及び、精根をつくして励げみ、おいおい見物人がまして騒動になった。

蛇は最終の日には、飛びつかずに終日《ひねもす》雀の巣を眺めていたが、そのうちにまた飛びかかる勢いに、口から小蛇を吐き出した。小蛇は目的の庇に飛びついたが、母蛇はそのままに空から堕ちて死んだ。しかるに小蛇は、巣の中へ這り込んだが、しばらくのうちにたちまち二、三尺の大蛇となり、雀の子をみな呑んだらしく、満足げにして出て来たので、人々が憎ましく思い、竹で叩き落して、殺して捨てた。

この怪事を右の林守の畑氏の老人が、広野清介という江戸住みの若い士《さむらい》に、自分の若いおりの実見談だとて数度話して聴かしたけれど、広野は信じなかった。

しかるに文政十二年の夏、広野の近隣、小石川牛天神下の武家の小者が、一疋の蛇を捕えて、焼火箸で腹を幾度となく逆さまにこずいて娯《たのし》んでいると、蛇は苦しさのあまりに死ぬる時、口から小蛇を吐いた、小蛇は彼の者に突撃をして来たので、小者は恐れて逃げ出したら、朋輩が小蛇を打ち殺した。この事実から広野は畑老人の話を信ずるようになった。(想山著聞奇集)

また右同書に文政の初年、京都三条の仏現寺住持の住賢というが、越中の証興寺に逗留中のこと、同寺の本堂の裏の高い塗籠蔵《ぬりこめぐら》の屋瓦の間に、雀が巣をかけて雛を育てているのを、下から蛇が見つけて、二、三日巣を眺めてあせっていたが、ついに棹立ちにまっすぐに立ち上ってから、倒れてそれっきりに死んだ。しかるに不思議なことには、それと同時に、屋上から雀の雛が数羽堕ちて来て死んだので、その一羽を剥《は》いで見ると、腹の中に一寸あまりの小蛇が数疋おった。他の雀の腹を割って見ると、何れにも数疋の小蛇が蠢《うごめ》いていたということを、住賢が想山に話したという。(同上)

江戸半蔵門の内、吹上御庭の末に、月光院尊尼の御守殿あり。まだ御繁昌のとき、ある夏のころ、庭にて蛇の蛙を逐ふあり。侍女どもをして蛙を助けんとて摺鉢の中に伏せしめらる。蛇は擂鉢の上に上りつ下りつして、捲詰め捲ほぐしすること一時計り（今の二時間計り）にして、終に身を揉切って擂鉢の上にて死たり。人々は今は心安し、いざ蛙を出さんとて擂鉢を取退け見れば、いつの間にか蛇ありてその蛙を呑み居たり。人々恐れて悉く逃退かれたりと云ふ。（今昔妖談集）

文政九年六月二十五日の午後一時ごろの雨上りに、江戸の小石川三百坂の中袋某方の邸前において、十五疋ばかりの蛇が、あたかも桶の胴のように積み累っていた。その高さ一尺あまり、円径も一尺二、三寸で、蛇は三方から頭を揃えて内側の方へむけていたが、あまりに奇怪なので人だかりがしていた。そこへ田安《たやす》侯の小臣高橋百介なるものの子の千吉という十四歳の少年が来てみて、このように蛇が重なっている中には、必ず銭があると聞いているから、取り出して見ようとて、袖をかかげて右の手を、蛇輪の中に突っこんで肱が隠くれるまで深く差し入れ、しばらく探していたが、銭を一個取り出して見せた。その銭は篆文の元祐通宝であったが、蛇はそれからたちまち散り逃げてしまった。これまったく怪奇というべきことである。この事件は当時の著名事にして数種の書に記せられてある。（兎園小説外集）

上総国東衛川の江南方村に、左衛門四郎といふ者の舅、作場へ出で、雉の羽敲きするを見つけて取上げれば、蛇に絡れて居たり。彼の蛇を取放ちて雉を持帰り、汁に煮て隣りの人にも振舞はんとて鍋に入れ鈎に掛けたる時、かの蛇、縄に伝《つたは》り下りけるを見て皆逃去る。彼の亭主この蛇を打殺して鳥汁を喰ひけり。その後、蛇、彼の者の腹をまきけるを鎌にて切捨てけれども、また腹をまきまきする程に、後には蛇をも汁に煮て喰いたれども、終《しまい》には捲殺されけり。彼の者の塚にも蛇多く聚りける由、聟《むこ》の左衛門語るを慥《たしか》に聞く也。

（因果物語）

伊予国宇摩郡龍池の庄屋、滝池忠右衛門の屋敷は、昔し龍の住みし淵を埋みて家を造りしとかや。其所に三、四尺四方に水少し残りて常にあり。寛永十五年七月十五日、一在所の者ども嘉例によりて忠右衛門が庭にて踊りを催しけるに、如何なることにかありけん、忠右衛門夫婦、争論を仕出し、宵より奥の坐敷に入り、八歳になる子を抱きて寝たりしに、彼の子ワッと泣出せしかば、驚き起き見れば、何とは知らず子が片腕を呑みしかば、咽《のど》と覚しき所をハタと握りて声を立てしかど、踊り最中なれば暫しは聞えざりしが、とかくして聞附け、踊り子を始め見物の者まで込入り、我も我もと脇差を抜きて彼の化物を切れば、見る内に大なる蛇となる。胴中は臼ほどなりしも、人あまたにて取捨つ。さもあれこの蛇はいづくより来りしと座敷の内を尋見しに、蚯蚓《みみず》の出入程の穴座の側にありて件の溜水の砂の上に這ひたる筋細く見えし。是より出たるなるべしと諸人思へり。やがて忠右衛門煩

ひて死し、それより兄弟伯父従弟に至るまで一族七十四人相続きて死にけるこそ不思議たる。（近世拾遺物語）

山中に蛇怪あり是また恐るべし。故に山刀を背中に放たず。山刀背中にあれば、蟒蛇《うはばみ》の呑むこと無し。刀の類無ければ、四日五日の内にその人必ず行所を失す。仲間の駄兵衛は心強き者にて、山刀を邪魔なりとして帯ばず、ある時昼九つ時頃の事なり。大蛇の追ふよと覚えて声を上げて逃げ走る。何れも声に驚きて出て見るに、纔《わずか》の渓を隔てゝ、向ひの岸を逃げ廻る、これを追ふ蛇は見へず。ただ霧の如き物随い附つ、嗅き香のすること甚しく、風色々に吹き廻す。駄兵衛路を失して木に登る。蟒蛇《うはばみ》たちまち樹に登るよと覚えて、駄兵衛声を連ねて大に叫び、梢より飛ぶよと見えしが、落して立てず宙にて一呑にしたりと見えて、逆様になりて消失せぬ。蟒蛇寂としてまた見えず。ただ白霧の中にありしと覚えて、三尺ばかりの一かたまりの白光りなるもの飛行する様には覚えたり、これ蟒蛇の怪なり、気を以て追ふにや、何としても敵し難し、山刀は暫くも放し難し云々。（三州奇談、越中下新川郡伊折村の伐業源助の談）

昔京都にて夏のころ、市女笠をつけた賤しからぬ風姿の若い婦人が、一人の幼女を連れて近衛大路を西へ向かって、宗像《むねかた》神社の北の道路を行くとき、小用を催したくなったとみえ、そこらの築垣の下にうずくまったが、そのまま起たぬようになった。

時経て、幼女がものを言うけれど、婦人は返事もしないでシャガンだままでいるから、ついには幼女は泣き出した。なんでも最初ここへ来たのは午前八時ごろであったらしいが正午ごろになっても婦人は動かない。

そこへ数人の従者を連れた乗馬の人が通りかかり、女児の号泣しているのを見て仔細を問い、右の事情を聞き知ったので、馬からおりて、婦人の傍《そば》へ寄って見ると血気もなく、息はするかしないかの態《てい》で死人のようになっているから、なにかの病気ではないかと思い、以前にもかかることがあるかと幼女に訊ねてみると、ないと答えた。

とにかくと婦人の躯に手をかけて、引き起こしかけたが容易には動かない。その時ふと前面の石垣を見ると、大形の蛇が、石垣の隙間《すきま》から、首をのぞかして一心に婦人を凝視していた。此奴《こやつ》、婦人の尿をするとき情念を発して、蕩《と》らかしてこのようにさせたのであると察し、短刀を抜いて、短刀を穴の奥に向けて逆《さかさ》まに立てて置き、従者をして婦人の体を抱え上げさせて引退《の》かせると、蛇は追っかけて出て来て短刀の刃に当り、頭から一尺ばかり裂けて死んでしまったがこの時、多くの人だかりであった。

さてかの人は、短刀を収めて馬に跨りどこかへ去り、その従者をして、婦人を扶けて送り行かせたのだが、婦人は目を明けて人心がついたけれど、困憊《こんばい》をきわめて大病人のような歩行《あるき》ざまをしていた。その後はどうなったかいっこうに知れぬ。(今昔物語)

近世のこと、九州の某地で、ある武人が野道を通るとき、一人の若い女があって、ひところで立ったりうずくまったり、同じことを何度となく繰り返すのがはなはだ変に見えるので、そばへ行って、どうかしたのか問うと、女子はどうか助けて下さい、あれご覧、穴から蛇が首を出して私を追っ駆けようとする、私がシャガムと首を引ッ込ませ、歩きかけると首を出して追いつけて来るので、逃げられませぬ、この通りですとて立ったりシャガンだりして見せると、まったくその言のごとくである。

そのとき武士は、よろしい拙者が始末をつけてやるとて、女をシャガマせて蛇を引ッ込ませて置き、穴の口に脇差しを抜いて待ちかけ、女に目配せして立ち去りかけさすと、蛇が首を伸ばして出かけた。すかさず一刀に首を切断し、難なく女を救った。(甲子夜話)

江戸神田の者三、四人、用事があって上州へ行く道、川越にて庵寺で休憩をし、その一人が裏へ用達しに行ったところ、井戸ばたに小蛇がいたので石を投げて頭へあてた。その時庵の一室にて午睡《ひるね》をしていた僧が目を覚して、血の流れ出る額に手を当てて怒って出て来て、なにゆえに自分に石をあてたかと詰《なじ》った。そこでかの者が、蛇がおったから石をあてたのだと告げたら、僧が大に慚愧をして、井戸のそばの石の下より茶壷を取り出し、年来貯蓄をした金七両をその中からつかみ出して、この金を護る一念が蛇と現じたのであろうと告げ、それから庵を棄てて回国の修行に出た。(譚海)

妖獣は実在する

——現象に対する著者の見解——

狐狸や蛇蟇の類が、人および動物を魅惑し、あるいは憑依するということを否定するのは、現代科学の謳歌者相当の思想である。

それらの人々は、狐狸などは少しも妖術を揮《ふる》っていないのに、愚かな人間が、勝手にばかされたり、憑かれたりしたように幻覚錯覚を起して騒ぐのであるとて、理屈もっとものような説明を加えている。

狐狸にいたされたという現象中には、いかにも幻覚や錯覚事件もあるが、真実の現象も確かにある。すべての生物は、生理力の外に精神力があるが、その二種の力は概して、人なり動物なりの固有の習性に伴って、固有的に支持具有せられている。

狐狸などは、体力が長大でないから猾智が進んでいる。

独活《うど》の大木とか、大男総身に智恵がまわりかね、などというはよく現実を唄っている。

ただし、まま除外例もあるが、狐狸や蛇や蟇の類が、一般に精神力に富んでいるといっても、これにもまた除外例があって、平凡きわまる動物であるのがある。

動物園の管理者または物好き、もしくは皮取りの事業などで狐狸を飼養する人は、ほとんど一様に狐狸は、ただの動物であるというように言っているが、それは研究の未熟、または観察の出発点に錯誤をもっているからである。

すなわち、狐狸が檻に養われて、自然の野性的奔放力を封鎖されていることを見逃してかかった観察をしている。

世界を攪拌したドイツのウイルヘルムも、オランダで木挽きをやっておると、凡夫であるではないか。本文に書いたごとく、生物はその盛んな時代と否とで、精力に非常の相違があるもので、今日は狩猟が大流行だのと、山林原野の解放で、野生動物が衰運に陥っており、まったく野獣たちは畏縮しきっている。

この理は人間や神仏にも行われる。平凡な人間でも、フト他人から崇められると、偉大な精力を発揮する事例が少なくない。神仏も人間の頼って来なくなると、とみに霊験力を萎縮させ、その結果は荒廃の社堂になる事例も多々ある。

◇

狐狸の盛んな時代の人間は、文化に遠いことはもちろんであるが、今では情勢が反対になっている。反対になったわけを知らずに、古人の経験や伝説を一概に否定し去るのはつまらない。憑きもの現象や幽霊や念動やプランセット（占板《こまいた》）などに対する科学者の説明は、ほとんど誤謬に満ちている。それは真剣味の研究でないために、資料までが一様にボロ種ばかりを取り扱うことになるという因縁に押されるのはやむをえぬ。

世界の心理学者系の人々は、かのプランセットが描く書画詩歌などの原動力を、会坐者《シツター》の潜在意識が、占板の胴を抑えている掌《てのひら》の筋肉を無意識的に蠢動させて、その鉛筆の脚を歩かせて書くのだとみなしている。これは真に皮相の見解たることは左のような事例によっても明白である。

かつて、阿波の池田の専売支局の技師であった中曾というクリスチャンの家で愛用されたプランセットは実に俊敏なもので、天下の珍であった。

ある時、一家の人は一室の食卓で夕飯を喰べていると、次の室《へや》にて何か知らぬが、カサリカサリと音がするので、主人が起《た》って行ってみると、驚くべし、室の一隅の紙片の上に放置されていたプランセットがひとりで紙上を躍って、三寸ばかりの長《た》けの天使の絵姿を精巧に画いている最中であった。

このような事実があることを知らないで、軽佻な科学者が、独立した霊の存在および憑依ということを否定して、とやかくと生理的な説明をくだすのは、あさはか千万のことである。

◇

狐狸の人に憑くには、その心霊（魂）が取りつくのであるが、われらは狐狸ばかりでなく、人間のあるものも、その生体から心霊だけを自由に脱出せしめ得ることを主張する。現にその事例がある。そのように脱出した魂は、他の生活体に憑依することができる。人が狐に憑《つ》いてこれを苦しめた実話もある。現代の科学は、人や動物の心霊なるものは、その頭脳のある科学的作用であると説いている。そのようなことでは、狐狸の妖術のわからぬのは当然である。

幽霊写真のごときも、霊魂体なるものを信じない人は、詐瞞品だと言うのが常套である。また思念力によって物体を移動させ、または行者輩が無我三昧の境地に入って、自体を無意識裡に空中に浮揚させるのは、実見者のほかはとうてい信じ得られない怪事である。

去年の夏、ワルシャワ大学のクルスキー教授は、自己の霊媒能力の実験室において、厳正なる立会者監視のもとに、密閉した室内からがぜん姿を消したが、同時にその肉体は隣接室の内に脱出してソファーの上に安臥していた。この人は自分でも、その瞬間の意識や体感が空無になっていて語るよしがないと言っている。この超人界的怪事の理法は一切わからぬ。まず常識的に考えると、試験室内の同教授の肉体がガス体になって壁の気孔内を潜り、隣室に出づると同時に元体に還《かえ》ったのであろうと想像するほかはない。

先年、著者の一友人は、北海道において岡山市生まれの老人が、襖《ふすま》の引手をはずして、その穴を潜って隣室へ飛び込んだ怪奇な忍術的技術の実演を観《み》た。またこの老人は、坐したまま、体を空中三、四尺ばかり浮揚させながら、二、三回輪を画いて舞い降りる芸当を村人によく見せたという。

この種の怪事から推《お》しても、かの蟇が蓋で密封された容器から、風の子のごとくに外へ逸し去るというのは事実たるものと信ぜねばならぬ。

◇

千里眼や念力写真なども、実地を知らぬ人は、そのような理法の存在を認めずと主張するのも、眼は物質的な精神光波を放射する枢器たるを知らぬからである。

精神光波は、手の指の尖端、眉間、上唇などからも出る。

狐は尾の端からも出す。狐が人や小動物を誑かすのに、いつも尾を竪《たて》にまたは水平に使うのはこのためである。

蛇の眼も、彼の精神を放射するのに屈強の機関である。蛇が婦女子に視線をあわすこと三、四十秒間たるを得ば、たいていな女は茫乎となって昏睡する。大蛇は視線をあわせなくても、人を睡らせる力がある。

猫、蟇も魔性の動物であるが、狐狸とは多少その魔性の質が違っている。

河童も変な奴であるが、そのばけ方の性質はまた一種の特色がある。

室の床下に大きい蟇が住んでいると、その家に常住する人は、必ずその精気が衰えて病気になるという事実があるのは、蟇が人の精気を吸うからである。精気は物質体の気孔を通過することは容易である。地球の引力が幾千万個の重畳した物体を通過して、最上層の物体におよぶのは、これ以上の現実事ではないか。

越中の国で、昔でさえ、ある狐憑きが下のごとき言辞を吐いたという。曰く、人間に憑いてもよいことはない、フトすると梅毒下疳などの毒を受けて困るから、おいおいに狐も人間に憑かなくなる云々。

精神と肉体は異元であっても、密接の関係があることはあらがい難い。エルンスト・ヘッケルが物心一元論を唱えたのもいささか拠りどころはある。

◇

狐が人を魅惑する理法の骨子は、思念術すなわち暗示であるが、その暗示を有効ならしめる手段は、人間の巧みな催眠術とほとんど甲乙ないやりかたをするのがある。

千葉県の某の実地談に、ある夜、村道を歩いていると、とつぜん眠くなったところ、一二度、犬のような姿が眼前を走りながら通った。すると今度は、毛箒木か獣の尾のようなものがサッと額を一ト撫で撫でたように思うと、それからは眼がくらんでしまい、前後左右、墨を塗ったように闇くなりしばらく立往生をしたとの話に対し、ある人これを評し、額を掃いたのは疑いもなく狐の尾で、ハッと思わせて心機を一転させて睡りを誘起させる手段は巧妙なものだ。

また古い話であるが、奈良の武人がある夜、下僕をつれて外出し、田舎道にかかると、とつぜん大木の杉が二人の眼前に出現した。その杉は幹径は一丈に及び、高さも三十間にも及ぶもので、見たことのない大木だから、道が違ったかとも考えてみたが、違うはずもないので怪しと思い引き返そうというに一決した時、従僕が、後日の証拠にもなるから、一矢を射かけて置くように注意をした。

武人はなるほどとて、携えている弓に矢をはげて、杉の大木を射つけて帰り、翌朝行ってみると、大木はなく、一疋の老狐が二尺計りの杉の枝を咬えたまま、矢に貫かれて死んでいたということである。

杉の枝を咬えて大木の杉を思念したことと想像されるが、杉の枝には何のエネルギーもないと云ってはならぬ。よしんばないにせよ、それを咬えるので、自ら熱心の度が著しくなるのではなかろうか。

本文所載、宮城県の三田氏の実見した狐が、飛んで逃げる時に、ばかされている人間が、狐の逃げ出す方向に内俯《うつぶ》せにノメッたのは、狐にかけられている動物磁気の綱で引ったぐられたのである。またその狐の放射しつつあった磁気の強烈なことは最初、その狐のいるのを知らぬ三田氏の片頬にギャーと電気をかけたごとき感じを与えたのでも知られる。

暗示なるものを無形の思想の働きであると想うと奇怪であるが、思想は精神の凝《こ》りで、精神は苛電性の霊素であることを想わば、暗示の妙力は一向に不思議でなく、むしろ当然あり得る現象たることに想到せられる。

◇

狐狸など動物が人体に憑《つ》いたときに、その肉体は、安全な隠し場所に置かれてあって魂だけが来て憑くのであるから、彼の肉体は死屍同様、無感覚であって呼吸もない、換言せば、生理は中止している。ただし、遊離しつつある魂体は、糸状の霊紐で肉体との連鎖を支持して両者を繋いでいるので、留守居の肉体は心臓の呼動もあり脈拍も失せてはいない。ただし、永くなると霊紐が自ら断絶して、肉体は生機を失して死亡という反生理現象を惹起する。

このゆえに、人に憑いた狐狸は死亡を防ぐために一昼夜に一回または二回、その魂を肉体に戻して繋ぎを保護する必要がある。狐憑きがときどき常態にもどるのは、狐の魂が人を離れたときの状態である。

狐狸が人に憑いたとき、もしその肉体が、犬に喰われるとか、捜し出されて斬られるとか、穴へ埋められるかすると、人に憑いている魂の帰所がなくなるから、やむをえず、その人に生涯憑《つ》いて退《の》かないのである。

かつて福知山の某旅館の妻女に狸が憑いて、おりおり癲癇的現象を起すことがあったが、その狸の言うところには、自己は時々肉体に帰還するものであるが、そのおりにこの婦が癲癇を起すのだ云々と。

これは普通人の想像するところと反している。憑《つき》もののした人間の精神は、機能が畏縮せしめられているから、憑きものがとつぜん脱離する時には、倒れて人事不省になる。これを俗人は癲癇だと言ったのだ。真の癲癇は、この場合の癲癇とは性質が相違をしている。

該狸憑きの女房は、その後、某霊能力者のために狸を退《の》けてもらってからは、一度も癲癇的現象は発しなかった。憑き物は米国の心霊研究家キャリントンもその事実を確認して、世に力説をしている。

大正七年に山陰道で中学卒業の某青年が、神道家に鎮魂されたときに、かねて密かに某青年に憑いていたクソ亀が顕現したのを見た。

青年は四ツ這いになり、頸を長くのばして四方を眺めまわし、あたかも亀の状態をした。後刻、該青年は告《つ》げて曰《いわ》く、いま自分のなした挙動は不可抗力のなさしめるところで、衆人の前ではあるし、奇怪ではあるし、懸命に努力したけれどいかんともしがたくあった。いかにも該青年は満面に朱を注いで、自ら防止すべく健闘した状態が観取されていた。さてまた青年は、なにゆえに自己の今の怪態の生じたかを知らなかったが、術者が貴君の今の挙動は亀である、なにか亀を虐待したということはないか、と問うたら、該青年は次のごとく答えた。

べつに亀を虐待して殺したというような覚えはないけれど、自分の近所に湖水の末の河になっているところがあって、毎度手網で魚を掬《すく》い捕《と》って遊ぶのであるが、その河にはクソ亀がたくさんおって、よく手網にかかるので、しゃくに触り、亀を捕るごとに空中へ高く投げ棄《す》てるのが癖になっていた。亀は投げられて堕《お》ちて死ぬのか死なないかのかは、一向に心にとめたことはないが、多い中には死んだのもあるでしょう。

この青年は一見健康の身体を有するにもかかわらず、ときどき精神朦朧とし、頭痛および熱発作用のために悩ましめられるので、自ら不思議の感に堪えないのであったという。

◇

本文に、刈草を背負うて垣間見をすると、客人が狸に見え、刈草を下ろしてみると常の人に見えるのは、草の中にまぎれ込んでいた虫除けの百万遍の祈祷札があったためだと知れたという事例を掲げたが、これは面白い理法の説明になる。

百万遍の念仏に籠《こも》った念力の功徳が現われたのである。物質の勢力ばかりを真の力だと誤解した人には、この理はちょっとわかりにくいであろうが、念力というものは、物質の力以上の効力を有することがある。

郡代に化けた老狸は、暗示術をもって、庄屋方の家屋内の人のみばかす力はあっても、屋外の百万遍《ひやくまんべん》札を背負った人には、暗示すなわちその精神術が及ばなかったと見るべきものである。

◇

狐捕りの名人万兵衛の宅を、一里余の山奥の雄狐が、どうして知って窺い寄たかは説明の要がある。

野生の動物が、場所を知覚する不思議な能力者たるは、伝書鳩、渡り鳥、蜜蜂、犬、猫、馬の類のよっても世人は熟知するところである。

猫のごときは、まったく眼を隠して三里五里の混乱しやすい未知の場所へ捨てても、一夜にして元のところへ帰って来るものがある。

狐については、まだ誰人も実地にその超官能的知覚の試験を行ったものがいないけれど、おそらく犬よりもはるかに優れているのであろう。

犬でも非常に俊敏なのがある。五、六年前、石見国邇摩《にま》郡大屋村の医師が、汽車で飼い犬を京都へ運んで捨てたところ、二十三日目に痩せ衰えながらひとりで戻ってきた。どうして百何十里の山河を越えて戻ってきたか。これは動物学者などのよくいう本能なるものではない。（本能は祖先の経験の遺伝だなどといわれているが、まさか右の犬の祖先は石見から京都へ旅したことがあるとは言えまい）

ヨーロッパの某水産学者は、蟹を捕えて二百マイルの遠地に運び、めじるしをつけて海に放したところ、数ヶ月後に元の所に帰着したという報告をしている。またいっそう驚くべきことは、鰻の幼魚が北大西洋の深海の一点から何千里を泳いで、欧州の北部や地中海のイタリアあたりの河へ親の遺跡をたずねて来ることである。

◇

高所にある雀の巣に念かけた蛇が、最終日に自己の口中より小蛇を吐き出して、雀の巣に飛びつかせたという記事があるが、現代人に評せしめば、発狂人の書いたことだとでも言うであろうが、われらはこれは蛇のごとき強い執念動物は、精神力でこれをなしうると信じたい。

精神の原質が一種の物である以上は、これは可能性の下に置かれる事実とみなしてさしつかえはない。無形無量の電子が物質を造ることを思えば、毫《ごう》も背理の想像ではあるまい。電気は意識を存じないと学者は想っているが、それでさえも生物が出来る。活物の本源たる精神を機械的に見るは不当である。

近頃一派の哲学者間に、思想は活物なりという説が行われているが、これは実証的経験の産んだ帰納論である。

著者の郷里の某禅僧は先年、兵庫県にて美人の死体に纏綿して出現した破戒僧の生霊の頭を如意棒にて撲《なぐ》ったところ、その生霊は消失をしたが、生霊の本体は自己の居室にあって額を破られて出血した怪事の経験を有っている。

また、丹後の舞鶴町の遊廓の一妓は、ある夜雪隠《せっちん》にて禁厭《まじない》を行い、自己の愛人の生霊的面貌を見得たが、驚愕のあまりに、手にした灯を落したところ、その夜、若狭の小浜の自宅にいた愛人の面部に一個の火傷を生じて傷痕まで残すに至らしめた。

いわゆる反理学、または、超科学の怪事は、現代といえども、決して少くはない。宇宙は整然たる一個の大法の下に現象したもので、一として理法の外なるものはない、反理学だの超科学だのいうは、畢竟《ひっきょう》現代の科学の幼稚を語る反語である。妖怪は存在する。

編者あとがき

本書の著者・岡田建文の詳細な経歴は不明であるが、『大本七十年史』によれば、大正期に松江で雑誌『彗星』を発行していた心霊研究家であったことが知られる。

おりしも、出口王仁三郎ひきいる大本教が鎮魂帰神法によって世人の耳目を集めていたころである。大本の教線はおもに山陰地方にかけて伸長してゆくが、岡田建文はその主張にひかれて、大正六年十二月に綾部の大本本部に参拝し、ただちに『彗星』に「皇道大本」と題して紹介記事の連載をはじめる。

この連載は、大正十年二月の第一次大本事件後も続けられたというから、かなり気骨のある人士だったようである。同時期におなじ松江で『心霊界』を発行していた木原鬼仏も大本教に合流するが、雑誌の影響力としては『彗星』のほうが大きかったといわれている。

ちなみに、出口王仁三郎の嫡孫・出口和明氏は、出口なお・王仁三郎の実録伝記小説『大地の母』を執筆するに際して、多くの古参信者から広範囲にわたる聴き取りを行った。その取材メモのなかに、古参信徒・藤原勇造氏からの聞き書きとして、岡田建文についての記述があるが、それによると、岡田は『彗星』を創刊する以前は、地方紙・松陽新聞の記者をしていたという。また、のちに王仁三郎の好意で「人類愛善新聞」（大正十四年十月創刊）の記者となり、月給三十円という破格の待遇を受けるにいたるが、同紙の編集長は一度も岡田の記事を採用せず、「古くさい記事ばかり書いて三十円の値打ちがない」と同僚に陰げ口を叩かれ、不遇をかこったともいう。藤原勇造氏の印象では、痩身で人のよい人物だったらしい。なお、本書一二五頁に「丹後の元伊勢神社の上田社掌」とあるのは王仁三郎の弟の上田幸吉のことである。

最後に原本に附せられた著者の緒言を収録しておく。

遺伝か天禀なるかは自ら知らぬが、幼童時代から、虫いじり、草いじり、河せせりなどがやたらに好きで、年一年と大自然の懐に頭を突ッ込む度が強くなり、十二、三の頃には隣人静まった深夜に庭へ出て、星斗燦たる天象を仰ぎ、無限の感懐に耽ることが屢であるようになった。
かくて自然科学の熱愛者の卵として学生期を送ったものの、社会に飛び出るころには今まで畏敬の目標たりし科学の権威に、一抹の暗翳を投ぜざるをえぬようになった。それは知人、隣保、縁家、自家等に現出したという昔からの種々な怪異現象の話が、お伽噺の類ではなく、真剣の実話であると知った結果である。
一百日の間に九十七度出現した先妻の亡霊事件、古狸が小箱を空中で踊らせたり人語を為した事件、鋏を提げて下女を脅迫する妬婦の幽霊事件、黄金の精魂が、夢に人形を現わしてその埋没せる土中の地位を告げ、次夜に土中から爆飛し去った事件などは、科学外の理法の閃きなりと考えねばならぬ訳であった。幼時に、耽読した今昔物語、古事談、捜神記、列仙伝などを、さらに新たな考えを以て繙読し、また世の霊怪妖異談や心霊研究なるものをも、攻究の材料として、真理研覈の一端とすることになった。結果は予想の如くであった。すなわち、われわれの現代の物理は、宇宙の大物理の末梢予蘖に過ぎぬという観念の樹立であった。現界には時おり他界の物理力が湧起するが、これは『神秘』の名をもって、古来一派の経験家や思索家が、無条件に肯定した実在なるものである。世間に超科学と云う語のあるのは、真義ではない。すべては実在で一切は造化の理法である。

ここに既往二十余年に積んだ体験や、同志の報告資料などのおびただしい中から、神仙、死後の心霊事件、天狗、妖魅などを証明すべき事例を引き離し、主として動物の怪異に関する事例を簡輯して、このたび郷土研究社の出版を煩わすことになったのは、吾人の喜びたるばかりではなく、現代科学者から抹殺に附せられつつある真理の一部の救済であると信ずる。

妖獣霊異誌

2000年10月10日　初版発行

著　者　岡田建文

装　幀　勝木雄二

挿し絵　丁　絢姫

発行所　今日の話題社
東京都品川区上大崎2-13-35ニューフジビル2F
TEL 03-3442-9205　FAX 03-3444-9439

印　刷　互恵印刷

製　本　難波製本

ISBN4-87565-551-7 C0039 ¥2400E